참 기업가 유일한

바르게 벌고
값있게 써야지

기업인의 신념을 한평생 지켜 가며

아홉 살 어린 나이에 홀로 미국 유학을 떠나, 젊은 나이에 사업가로 성공한 유일한 할아버지. 하지만 유일한 할아버지는 자기 혼자 성공한 것에 만족하지 않고 일본의 지배를 받고 있던 우리 나라로 돌아와, 나라와 민족을 위한 사업을 시작합니다. 가난과 질병에 허덕이는 동포를 위해 가장 먼저 외국에서 약을 들여왔고, 나중에는 직접 개발한 약을 만들어서 팔았습니다. 또 우리 나라 토산품을 수출해서 나라의 이익이 커지는 데에도 힘썼지요.

▲ 1926년 유일한 할아버지가 한국에 돌아와서 세운 기업 '유한양행'의 처음 모습

▲ 1928년 〈동아일보〉에 실린 유한양행의 첫 약품 광고

▲ 1904년 유학을 떠나기 전에 아버지와 함께 찍은 사진

유일한 할아버지는 기업인으로서 정직하고 올곧으며 시대를 앞서 나간 분이었어요. 조금도 거짓된 광고를 하지 않았고, 정치인들에게 뇌물을 주고 혜택을 받는 나쁜 관행도 거부했어요. 또, 다른 기업들과 달리 언제나 정직하게 세금을 냈지요. 한 푼도 덜함이 없이 꼬박꼬박이요. 그것이 사업하는 사람이 당연히 지켜야 할 일이라고 생각했거든요. 유일한 할아버지는 기업의 이익은 그 기업을 키워 준 사회에 되돌려 주어야 한다는 신념을 평생 지키며 살았어요.

▲ 1968년 모범 납세 업체로 선정돼 국세청장으로부터 동판을 받는 유일한 할아버지

▲ 유일한 할아버지가 유한양행 사장으로 일하는 모습

▲ 직원들과 함께하는 유일한 할아버지

기업인의 이익을 학교와 사회로

유일한 할아버지는 기업가일 뿐만 아니라 교육가였습니다. 나라가 부강해지려면 젊고 유능한 인재를 키워야 한다고 믿었어요. 그런 인재를 기르기 위해 학교를 만들고 싶어 했지요. 그리고 마침내 유한공업고등학교를 세웁니다. 할아버지는 평생 유한공고와 유한공고 학생들을 사랑하고 보살폈어요.

▲ 유한공업고등학교

▲ 유한공고 졸업생을 축하하는 유일한 할아버지

모든 재산을 학교 재단에 기부한다는 유일한 할아버지의 유언이 실린 신문 ▶

하지만 사회와 학생들을 위해 헌신했던 유일한 할아버지도 가족들에게는 엄격했습니다. 부유한 기업가의 가족이라고 해서 봐주는 것이 없었고, 남들과 똑같이 공평하게 대했어요. 돌아가신 뒤에도 가족들에게는 재산을 거의 남겨 주지 않았습니다. 하지만 가족들을 사랑하고 아끼는 마음만은 누구보다도 컸습니다. 회사뿐만 아니라 나라와 동포를 위해 일하다 보니 너무나 바빴고, 그래서 가장으로서 가족들을 잘 살펴 주지 못한 것 같아 늘 미안한 마음이었습니다. 하지만 이런 아버지를 딸 유재라는 누구보다도 사랑하고 존경했답니다. 지금 유일한 할아버지는 딸 유재라와 함께 유한공고 안에 있는 유한동산에 고이 잠들어 있습니다.

▲ 1946년 가족과 함께

▲ 딸 재라와 함께 찍은 사진

▲ 1971년 유한공고에서 치러진 유일한 할아버지 장례식

유일한 할아버지는

어린 나이에 집을 떠나 미국에 살면서, 할아버지는 힘들고 어려운 일도 많이 겪었어요. 하지만 그런 시련에도 지지 않고 맡은 일에 최선을 다하며 열심히 살았습니다. 그래서 공부와 운동뿐만 아니라 스스로 돈을 버는 일까지, 무슨 일이든 훌륭히 해낼 수 있었답니다.

▲ 1914년 고등학교 미식축구부에서 주장을 맡았던 시절(앞줄 가운데가 유일한 할아버지)

▲ 미시간 대학교 시절 친구들과 함께(맨 뒷줄 가장 왼쪽이 유일한 할아버지)

또 할아버지는 항일운동에도 힘썼습니다. 어린 시절에는 '한인 소년병 학교'의 생도로서 군사 훈련을 받으며 나라와 민족을 지키겠다는 꿈을 키웠어요. 대학생 때에는 독립 만세 운동의 영향을 받아서 열린 '한인 자유 대회'에서 결의문을 작성해 낭독하기도 했고요. 50세가 넘은 나이에 미국의 정보기관에서 일하면서, 일본군에 맞서 싸울 독립군을 만들고 특수 공작원 훈련을 받기도 했답니다.

▲ 1909년에 세워진 '한인 소년병 학교'의 생도들

▲ 1919년 한인 자유 대회를 마치고 거리를 행진하는 모습

우리인물이야기 19

참 기업가 유일한 _
바르게 벌고 값있게 써야지

2008년 6월 30일 1쇄 펴냄
2022년 9월 1일 10쇄 펴냄

지은이 · 이지현
그린이 · 정승희
펴낸이 · 신명철
펴낸곳 · (주)우리교육
등록 · 제313-2001-52호
주소 · 03993 서울시 마포구 월드컵북로 6길 46
전화 · 02-3142-6770
팩스 · 02-6488-9615
홈페이지 · www.urikyoyuk.modoo.at
제조국명 · 대한민국
사용연령 · 12세 이상
주의사항 · 종이에 베이거나 긁히지 않도록 조심하세요.
　　　　　책 모서리가 날카로우니 던지거나 떨어뜨리지 마세요.

· 잘못된 책은 구입하신 서점에서 바꾸어 드립니다.
· 이 책의 내용을 쓰려면 반드시 저작권자와 (주)우리교육에 서면 허락을 받아야 합니다.
· 책값은 뒤표지에 있습니다.

ⓒ 이지현, 정승희, 2008
ISBN 978-89-8040-741-5　74810

이 책의 국립중앙도서관 출판시도서목록(CIP)은 e-CIP 홈페이지(http://www.nl.go.kr/cip.php)에서 이용할 수 있습니다.
(CIP제어번호 : CIP2008001733)

참 기업가 유일한

바르게 벌고
값있게 써야지

이지현 지음 | 정승희 그림

우리교육

이 책을 읽는 어린이에게

　여러분도 빌 게이츠나 워렌 버핏 같은 사람들의 이름을 들어 보았을 거예요.

　마이크로소프트 사를 세운 빌 게이츠나 세계적인 투자가인 워렌 버핏은 자신의 일에서 큰 성공을 거두어 사람들의 부러움을 받기도 하지만, 자신이 가진 엄청난 재산의 일부를 사회에 기부해서 세상 사람들의 존경을 받게 되었답니다.

　저는 이 책을 통해 빌 게이츠나 워렌 버핏보다 더 훌륭하다고 할 수 있는 우리 나라의 한 기업가를 소개하려고 해요. 이분은 재산의 일부가 아니라 전부를 우리에게 남겨 주고 세상을 떠나셨지요.

　바로 이 책의 주인공인 유일한 할아버지예요.

　유일한 할아버지는 오래전 우리 나라에 유한양행이라는 회사를 세운 기업가랍니다. 우리 나라에서 가장 큰 회사를 만든 기업가는 아니지만 아마도 가장 존경을 받는 기업가가 아닐까 싶어요.

대부분의 기업가들은 돈을 많이 버는 데에 관심을 가지지요. 유일한 할아비지도 물론 기업가로서 돈을 많이 버는 일에 관심을 가졌지만, 그에 앞서 바르게 돈을 버는 일을 중요하게 생각했답니다. 그래서 당장 이익이 많이 남지 않더라도 정직한 방법으로 기업을 운영했으며, 그렇게 번 돈은 열심히 일해 준 직원들과 기업이 만든 물건을 사 준 그 사회의 사람들에게 혜택이 돌아가도록 썼답니다. 세금 또한 한 푼도 빠뜨리지 않고 정확하게 내었고요. 돌아가실 때에는 자신의 전 재산을 가족에게 물려주지 않고 공익 재단에 기부를 하였지요. 이렇게 기업가로서 바른 길을 걸었기 때문에 유일한 할아버지는 우리 나라 기업가의 거울이 되셨습니다.

저는 어렸을 때 방학이면 외갓집에 가서 지냈는데, 겨울에는 산과 들로 돌아다니느라 손발이 터서 쩍쩍 갈라졌지요. 그러면 잠자기 전에 외할머니가 동그란 연고 통을 가져와서 갈라 터져 피가 배

어 나오는 저의 손등 발등에 정성껏 약을 발라 주었어요. 외할머니는 그 약을 정말이지 만병통치약이라도 되는 것처럼 늘 옆에다 두고 쓰셨어요. 그 약통의 뚜껑에는 버드나무가 그려져 있었는데, 그 약이 바로 유일한 할아버지의 회사에서 만든 안티푸라민 연고였답니다. 그때는 유일한 할아버지를 잘 몰랐어요. 나중에 어른이 되어 유한양행이란 회사와 유일한 할아버지에 대해 알게 되면서 새삼 고마움을 느꼈답니다.

이 책을 쓰면서 저는 처음으로 기업가가 되는 일이 무척 멋질 거란 생각을 해 보았어요. 유일한 할아버지처럼 훌륭한 기업가가 되어 바르게 돈을 벌고 세상을 위해 값진 일을 많이 할 수 있다면 무척 보람 있고 신 날 것 같아요.

저는 기업가가 되기에 늦은 감이 있지만, 여러분 가운데에서는 기업가가 많이 나오길 바라요. 여러분이 어른이 되어 기업가가 된 나던 유일한 할아버지를 닮은 기업기기 되세요. 그러면 우리가 사는 이 세상이 훨씬 더 살기 좋은 곳이 될 테니까요.

이지현

차례

이 책을 읽는 어린이에게 • 10

새 양복을 맞춰 입고 사진을 찍다 • 16
아홉 살에 떠난 미국 유학길 • 24
네브래스카의 어린 소년 • 33
얼굴이 노란 미식축구 선수 • 44
세상 속으로 • 52
첫 사업 • 59

필라델피아에서 외친 대한 독립 만세 • 69
숙주나물 장사 • 73
조국의 낯선 풍경 • 81
아름드리 버드나무가 되어 주게 • 91
유한양행으로 합시다 • 96
기쁘고 슬픈 일들 • 104
기업은 개인의 것이 아닙니다 • 116
OSS 비밀 요원 • 125
기업가의 길 • 131
다시 황폐한 조국에서 • 137
돈은 바르게 벌고, 세금은 철저히 내고 • 144
빈손 • 152

새 양복을 맞춰 입고 사진을 찍다

　1904년이니까 지금부터 100여 년쯤 전이야. 평양에 사는 일형이네 집은 큰일을 앞두고 있었단다. 일형이 아버지는 맏이인 일형에게 양복을 맞춰 입히고 사진관으로 데리고 갔어. 일형이네가 아무리 부잣집이라 해도 아홉 살 먹은 아이에게 양복은 몹시 사치스러운 옷이었지. 또, 100년 전에는 사진을 찍는 일이 지금처럼 아무나 쉽게 할 수 있는 일은 아니었지. 아주 특별한 일이 있을 때에야 큰돈을 들여서 사진을 찍었는데, 그것도 보통 집에서는 엄두도 못 내는 일이었어.

　아버지와 일형은 사진관으로 가서 사진사가 시키는 대로 자리를 잡고 섰단다. 일형은 처음 입어 보는 양복이 어색하고, 아버지 손에 이끌려 간 사진관이라는 곳이 눈에 설어서 하릴없이 양복 단추만 만지작거렸어. 일형의 마음을 알아챈 아버지가 걱정 말라는 듯 일형의 손을 슬며시 잡아 주었단다.

　"자, 여기를 보세요! 이제 몸을 움직이거나 눈을 깜박거리면 안 됩니다."

　일형과 아버지는 사진사 말대로 몸을 꼿꼿이 하고 눈을 동그랗게 뜬 채 사진기에 달린 동그란 렌즈를 바라보았어.

　조금 뒤, '펑!' 하는 소리와 함께 눈이 시릴 만큼 환한 빛이 터져 나왔지.

　이렇게 해서 일형은 아버지와 함께 사진을 찍었단다. 일형이 곧 미국으로 공부를 하러 떠나야 했거든. 어떻게 아홉 살짜리 어린 소년이 미국으로 유학을 떠나게 된 것일

까? 그것은 일형의 아버지 유기연이 자식들을 가르치는 데 있어서는 유별날 정도로 고집이 세고 욕심도 많았기 때문이야.

일형은 1895년 평양에서 아버지 유기연과 어머니 김기복 사이에서 첫째로 태어났단다. 아버지 유기연은 원래는 경상도 예천에서 나고 자란 사람이야. 어려서 부모를 잃고 친척 집에서 자랐는데 그러느라 제대로 배우지를 못했어. 일형의 아버지는 어른이 되자, 장사꾼이 되어 전국 여기저기를 떠돌아 다녔는데, 나중에 평양에 와서 옷감 장사를 하여 크게 살림을 일구었단다. 아버지는 비록 배움은 얕았지만 장사를 잘했고 배포가 커서 큰 장사꾼이 되었지.

우리 나라에 기독교가 들어와 막 기독교를 믿는 사람이 늘어나고 있을 때에, 평양에 살던 일형의 아버지도 기독교를 믿기 시작했단다. 그때 교회 선교사를 통해서 서양의 문물이 우리보다 얼마나 앞서 있는지를 알게 되었지. 그리고 중국 상인들과 무역도 하고, 재봉틀처럼 편리한 기계를 외국에서 들여와 팔면서 일형의 아버지는 세상을 보는 남다른 눈을 갖게 되었지.

그즈음 개화파 지식인이던 이승만, 정순만, 박용만이 전국을 돌며 강연회를 열었는데, 그들은 한결같이 우리도 서양의 문물을 한시바삐 배워야 위기에 빠진 나라를 구할 수 있다고 이야기했어. 일형의 아버지도 강연회에서 그들의 이야기를 들으며 고개를 끄덕였지. 아버지는 맏아들 일형에게 신학문을 가르쳐 나라의 큰 기둥으로 키우고 싶었지.

그때 마침 교회의 선교사가 아버지에게 뜻밖의 말을 들려주었단다.

"이번에 조선 아이 몇을 뽑아 미국에 보낼 수 있게 되었습니다. 미국에 있는 교회에서 도와주기로 했거든요. 미국에 가면 신학문을 공부할 수 있습니다. 그러면 앞으로 이 나라에 필요한 일꾼으로 키울 수 있습니다."

선교사 말에 일형의 아버지는 눈이 번쩍 뜨였단다. 아버지는 머뭇거리지 않고 바로 선교사에게 부탁하였지.

"우리 아들을 미국으로 보내 주십시오. 우리 집 일형이를 미국에 보내 신학문을 공부하게 하고 싶소."

그래서 어린 일형이 미국으로 떠나게 된 거야.

선교사는, 1904년 4월에 대한제국의 순회공사 박장현이 멕시코로 부임해 갈 때 미국에 들른다며 그 편에 아이들을 딸려 보낸다고 하였어. 순회공사는 지금으로 말하면 외교관과 비슷한 일을 하는 사람이지.

"여보, 미국이란 나라가 어디에요? 배를 티고도 몇 달씩 가야 하는 곳이라는데 어떻게 저 어린 것을 혼자 보내요? 안 돼요, 안 돼!"

일형을 미국으로 보내겠다는 아버지 말에 어머니는 까무라칠 듯이 놀라며 머리를 저었어.

"여보, 일형이를 꼭 보내야 한다면 몇 년 뒤에, 아니 일형이가 열 살이라도 먹은 다음에 보냅시다. 어린 것이 낯선 나라에 가서 배우면 얼마나 배우겠어요. 밥이나 제대로 얻어먹을 수 있겠어요?"

어머니가 이런저런 말로 아버지 마음을 돌리려 했지만

한번 마음을 굳힌 아버지는 꿈쩍도 하지 않았단다. 그날부터 어머니와 아버지는 자주 다투기도 했어. 어머니는 아버지의 마음을 돌이키려고 온갖 방법을 써 보았지. 애원도 해 보고, 아버지 몰래 일형을 데리고 집을 나가 외가에 숨어 있기도 하고, 나중에는 독한 간장을 들이켜고 자살 소동을 벌이기도 했어. 하지만 아버지는 산처럼 꿈쩍도 하지 않았어. 그렇게 시간만 흘러갔지. 끝내는 어머니도 어쩔 수 없이 아버지 뜻을 받아들이는 수밖에 없었어.

"일형아, 너 혼자 미국이라는 나라에 가서 공부할 수 있겠니?"

어머니가 군밤 껍질을 까 주며 물었어.

"예, 어머니. 지난번에 양잠 학교에도 저 혼자 가서 공부했잖아요. 미국에 가서도 공부 잘 하고 올 테니 염려 마세요."

일형은, 일곱 살 때 집을 떠나 혼자 양잠 학교에서 공부하고 돌아왔던 일을 떠올리며 씩씩하게 말했어.

"일형아, 미국은 양잠 학교처럼 두어 달 공부하고 올 수 있는 곳이 아니란다. 아주 먼 나라라 한번 공부하러 가면 몇 년 동안 집에 돌아올 수 없단다."

"몇 해나요?"

"그래, 일형아. 어디에 가든 그저 마음 단단히 먹고, 밥 굶지 말고 잘 지내야 한다."

어머니는 일형이 그토록 좋아하는 군밤을 수북이 꺼내 일형 앞에다 까 주었어. 일형은 신이 나서 부지런히 군밤을 집어 입으로 날랐지.

"어머니, 군밤 맛있어요. 어머니도 드세요."

일형은 군밤 하나를 집어 어머니 입에도 넣어 주었어.

"그래, 그래. 일형아, 군밤이 달구나."

웃음을 짓는 어머니 눈가에는 어느새 눈물이 촉촉이 젖어 들었지.

아홉 살에 떠난 미국 유학길

　일형이 미국으로 떠날 날이 되자 일형의 아버지는 일형을 데리고 제물포로 갔어. 그때에는 미국으로 가려면 지금의 인천인 제물포에서 배를 타야 했지. 제물포에서 돛을 올린 배는 일본과 하와이를 거쳐 미국 서부에 있는 샌프란시스코에 닿을 예정이었어.
　"일형아, 미국에 가거든 열심히 공부해서 훌륭한 사람이 되어 돌아와야 한다. 그리고 내가 준 돈은 잃어버리지 말고 잘 지니고 있다가 필요할 때 조금씩 꺼내 쓰도록 해라. 도착해서 사는 곳이 정해지면 편지하고."

목소리가 잠깐 떨리는가 싶더니, 아버지는 이내 에헴 에헴, 하며 마른기침을 했어. 그러고는 일형의 옷매무새를 고쳐 주고 머리를 쓰다듬어 주었어. 전에 없이 다정한 손길이었지.

일형은 어젯밤 아버지가 돈을 넣고 꽁꽁 매어 준 띠가 잘 있는지 확인해 보느라 가슴께를 만져 보았어. 두툼한 띠가 손에 잡히자, 일형은 아버지에게 고개를 끄덕였어. 이제 일형이 미국으로 떠날 시간이 된 거지.

"아버지, 다녀오겠습니다. 안녕히 계십시오."

일형은 의젓하게 아버지에게 인사를 올리고 미국으로 떠나는 배에 올랐어. 대한제국의 멕시코 순회공사인 박장현이 일형의 보호자가 되어 주었지. 배 위에는 일형 말고도 박장현과 함께 미국으로 가는 아이들 몇이 더 있었고, 하와이 사탕수수 농장으로 일하러 가는 조선 사람들도 많이 타고 있었어.

뚜우, 뚜우!

뱃고동이 길게 울리더니 드디어 커다란 배가 천천히 움직였단다. 뱃전에서 난간을 붙들고 아버지 모습을 물끄러미 내려다보던 일형은 갑자기 겁이 덜컥 났어. 그제야 자기가 이역만리 먼 나라로 떠난다는 사실이 실감 난 거지.

"아버지, 아버지!"

일형은 안타깝게 아버지를 불렀어. 일형에게는 언제나 엄하기만 하던 아버지도 일형을 향해 손을 휘저으며 무어라 외쳤어. 하지만 사람들이 서로 부르는 소리, 뱃고동 소리, 갈매기 울음소리에 묻혀 아버지가 하는 말은 잘 들리지 않았지. 어느새 일형의 눈에서는 굵은 눈물이 뚝뚝 떨

  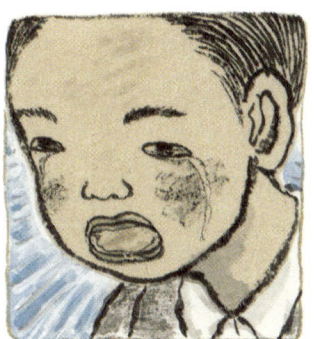

어졌단다. 일형은 점점 작아지는 아버지를 바라보며 아버지, 아버지 하고 자꾸만 불러 대었지.

얼마나 시간이 흘렀을까? 아버지 모습은 보이지도 않고 제물포 항구도 가물가물 멀어졌을 때 한 남자가 일형에게 다가왔단다.
"네가 유일형이지? 울지 마라. 조선의 대장부가 넓디넓은 세계로 나가는 순간에 눈물이 다 뭐냐?"
일형은 옷소매로 눈물을 닦고 고개를 들었단다. 일형을 미국까지 데려다 주기로 한 박장현 순회공사와 같이 있던 사람이었어.

"아저씨는 누구세요?"

"응, 나는 박용만이야. 박장현 순회공사가 내 숙부님이시지. 나도 숙부님을 따라 미국에 가는 길이란다."

"그럼 아저씨도 미국에 공부하러 가는 길이에요?"

"그래. 공부도 하고, 넓은 세상에서 조선을 위해 내가 할 일을 찾아보러 가는 길이란다. 이제 일형이도 어린아이가 아니지? 앞으로는 더 용감해지고 씩씩해져야 한다."

"예……."

일형은 크게 말하려 했지만 큰 소리가 나오지 않았어. 박용만은 어린 일형이 안쓰럽다는 듯이 일형의 뺨에 번진 눈물을 손바닥으로 닦아 주었어.

"일형아, 알지? 호랑이 굴에 들어가도 정신만 바짝 차리면 된다는 것을. 미국도 사람이 사는 곳이니까 네가 용기를 잃지 말고 열심히 하면 무슨 일이든 해낼 수 있을 거야."

일형은 그러겠다는 뜻으로 박용만을 보고 고개를 끄덕였어.

미국으로 가는 길은 아주 멀었어. 그래도 박용만 아저씨가 있어서 일형은 길고 지루한 시간을 견딜 수 있었지. 박용만은 마치 삼촌처럼 일형과 다른 아이들을 챙겨 주며 조선의 어려운 처지와 세상 돌아가는 이야기를 들려주었어.

"일형아, 지금 우리 조선은 바람 앞의 등불처럼 위태위태하구나. 일본과 청나라, 러시아가 서로 조선 땅을 차지하려고 호시탐탐 기회를 노리고 있단다. 청나라와 일본이 싸우는 청일전쟁이 왜 조선 땅에서 벌어졌는지 아니? 저희끼리 싸우는데 왜 우리 땅이 저들에게 짓밟히고 우리 백성들이 피를 흘리며 쓰러져야 했는지 아느냐 이 말이다. 그건 바로 우리 조선이 힘이 없으니까 그런 거야."

일형은 자신이 태어나던 해에 청나라와 일본이 싸우느라 난리가 났었다던 이야기가 떠올랐어. 어머니가 일형에게 종종 그때 이야기를 해 주었거든. 난리 중에 하마터면 목숨을 잃을 뻔한 이야기, 난리를 피해 누이와 갓난아기인 일형을 데리고 산으로 피난 가서 매서운 겨울 추위에 고생한 이야기들이었지.

"일형아, 그래서 우리가 힘을 길러야 되는 거야. 우리가 힘이 있으면 아무도 우리 조선을 넘보지 못해. 지금 우리 조선이 나라 이름을 '대한제국'으로 바꾸고, 왕을 '황제'라고 부르지만, 우리에게 힘이 없으면 이런 것은 아무 소용이 없단다. 그러니 미국에 가거든 열심히 공부해서 실력을 기르자. 그래서 조선을, 우리 대한제국을 튼튼하고 잘사는 나라로 만드는 거야."

박용만 아저씨의 이야기를 들으니 일형은 새삼 세상 돌아가는 이치를 알 것 같았고, 세상일에 모르는 게 없어 보이는 박용만 아저씨가 대단해 보였어.

박용만은 일찍 부모를 여의고 숙부인 박장현의 보살핌을 받으며 자란 사람이야. 어려서부터 총명해서 일찍 일본어 학교를 졸업하고 일본으로 유학을 갔지. 일본에서는 정치학을 공부했는데 조선으로 돌아와 기울어진 나라를 바로 세우려고 정치 활동을 하다가 옥살이를 한 적도 있어. 그래서 박용만은 장차 나라의 재목이 될 일형이 같은 어린 친구들에게 들려주고 싶은 이야기가 많았는지도 몰라.

배에서 지내는 게 지루하고 길게만 느껴지던 어느 날 아침 일이야. 일형은 눈을 뜨고 기지개를 켜는데 왠지 가슴께가 허전한 느낌이 들었어.

"어?"

일형은 소스라치게 놀라 두 손으로 가슴을 더듬어 보았어.

"없다, 없어졌다!"

남들 몰래 잘 간수한다고 가슴에 둘렀던 돈 띠가 없어진 거야. 일형은 부랴부랴 주머니를 뒤져 보고 옷가방도 뒤져 보고 하였지만 어디에도 돈 띠는 보이지 않았어. 일형이 곤히 잠자는 동안 누군가가 돈 띠를 풀어간 거야.

일형은 하늘이 노래지는 것 같았어.

"이제 어떻게 하지? 어떻게 내 돈을 찾을 수 있을까?"

아무리 생각해도 잃어버린 돈을 찾을 방법은 떠오르지 않았어. 돈 한 푼 없이 낯선 나라에 가서 살아갈 일이 막막하게만 느껴졌지.

일형은 터져 나오려는 울음을 애써 누르며 출렁이는 바

다를 뚫어지게 바라보았어.

"그래, 정신을 차리자. 이런 때일수록 용기를 내는 거야."

일형은 두 손을 꼭 쥔 채 서늘한 바닷바람을 가슴 깊이 들이마셨어.

네브래스카의 어린 소년

 미국 샌프란시스코에 도착한 일형은 마침내 네브래스카 주에 있는 커니라는 작은 농촌 마을에서 살게 되었어. 네브래스카 주는 미국 한가운데에 있는 주인데, 로키산맥 동쪽에 붙어 있어서 농사를 짓거나 소를 많이 치는 곳이야. 그러니까 미국에서는 개발이 늦고 산업이 뒤떨어진 곳이란다. 일형이 네브래스카 주로 가게 된 것은 일형의 아버지가 그걸 원해서였다고 해.

"우리 나라도 나라 가운데에 한양이 있고, 가장 발달했듯이 미국도 마찬가지일 테지. 우리 일형이를 미국 한가운데에 보내 주시오."

아버지의 부탁을 받은 선교사는 네브래스카 주 커니로 일형을 보내었단다. 일형은 커니의 침례교 교회를 통해 두 자매가 살고 있는 집을 소개받았어. 자매인 아주머니들은 결혼도 하지 않은 채 성서의 가르침대로 살아가는 사람들이었지. 아침 일찍 일어나 기도하고, 온종일 쉬지 않고 일하는 것이 수도자의 생활과 비슷했는데, 동양의 작은 나라에서 온 일형을 보살펴 주겠다고 나설 만큼 친절한 사람들이었어.

아주머니들의 생활 방식은 아주 엄격해서 처음에는 일형도 몹시 힘들었단다. 정해진 시간에 맞춰 일어나고, 먹고, 잠자고, 집안일을 도와야 했으며, 조금도 게으름을 피우거나 물건을 낭비해서는 안 되었어.

하지만 시간이 흘러 차차 그 생활에 익숙해지자 일형도 아주머니들과 지내는 것이 마음에 들었어.

"오, 리틀 류. 잘 잤니?"

"어느새 일어나 난롯불을 지펴 놓았구나."

아주머니들은 장작을 한 아름 안고 들어오는 일형의 이마에 차례로 뽀뽀를 했어.

일형은 이른 아침에 일어나 벽난로 불을 지펴 놓고, 헛간에 가서 땔감으로 쓸 장작을 잘게 쪼개어 들고 들어오는 길이었어. 그래서 추운 겨울 아침이었지만 일형의 얼굴은 발갛게 달아올랐지.

"리틀 류, 손 씻고 식탁에 앉아라. 아침을 차려 줄게."

일형이 자리에 앉자 세 사람은 머리를 숙여 아침 기도를 한 다음 식사를 했어. 일형은 두툼한 빵에 버터를 발라서 한입 베어 물고는 우물거렸어. 고소한 맛이 입 안에 가득 찼지. 이번에는 따뜻한 우유도 한입 들이켰어. 갓 짜낸 우유가 신선하게 느껴졌어. 소박한 아침 식사였지만 힘들게 일을 하고 난 일형에게는 꿀처럼 달았지.

일형은 처음 빵과 버터를 먹었을 때 속이 느글거려 혼이 난 기억이 떠올랐어. 또, 배 위에서 가진 돈을 몽땅 잃어버

려 어쩔 줄 몰랐던 일, 또 미국에 와서 영어를 몰라 답답하던 때도 생각났어. 하지만 이제는 미국식 식사도, 미국에서의 생활도 익숙해졌고 영어도 줄줄 말할 수 있게 되었어. 미국에서 여러 해를 사는 동안 일형은 이제 어디에서건 용기를 잃지 않고 열심히 노력한다면 자신이 원하는 것을 얻을 수 있다는 사실을 알게 되었어.

"리틀 류, 나는 하나님이 리틀 류를 우리에게 보내 주신 것에 감사하고 있어."

"언니, 어쩜 리틀 류는 작은 몸속에 어른이 들어 있는 것처럼 의젓해요."

식사를 하면서 아주머니들은 일형을 칭찬하기 시작했단다. 부지런히 집안일을 도우며 열심히 공부하는 일형을 아주머니들은 몹시 기특하게 생각하고 자랑스럽게 여겼어.

"참, 아주머니, 다음 주 월요일부터 신문을 배달하려고 해요. 그래서 앞으로는 학교에 다녀온 오후에 장작을 패도록 할게요. 그래도 괜찮을까요?"

일형의 말에 아주머니들은 깜짝 놀라 눈이 커다래졌어.

"오, 리틀 류, 그건 상관없어. 그런데 신문 배달을 한다고?"

"리틀 류, 공부를 하고 집안일을 돕는 데도 시간이 모자랄 텐데 신문 배달까지? 너무 힘들지 않을까? 용돈이 모자라면 우리에게 말하렴. 우리는 부자는 아니지만 일형에게 필요한 돈은 더 줄 수 있어."

아주머니들은 걱정스러운 얼굴로 일형을 바라보았어.

"아니에요. 전부터 신문 배달을 해 보고 싶었어요. 신문을 배달하며 구석구석을 다니다 보면 이 동네에 대해 잘 알게 될 테니까요. 저는 아직 미국에 대해 공부할 게 많거든요."

일형은 씩씩하게 대답하고 자리에서 일어났어. 그러자 아주머니 한 사람이 일형을 따라 나오며 일형의 손에 용돈을 쥐여 주었지.

"리틀 류, 오늘 친구랑 만난다고 했지? 친구랑 아이스크림이라도 사 먹으렴."

"고맙습니다!"

일형은 쑥스러운 듯 부리나케 집을 나섰어. 학교로 달려가는 일형의 등 뒤로 아주머니가 외치는 소리가 들려왔어.

"리틀 류, 정말 대단하구나! 하지만 너무 힘들면 신문 배달을 바로 그만두어야 한다."

한편, 일형이 미국으로 오고 나서 한국에 있는 일형이네 집안 형편이 많이 기울었단다. 1905년에 대한제국의 외교권을 빼앗아 가면서부터 일본은 이제 드러내 놓고 우리 나라의 많은 것들을 빼앗아 갔지.

일형이 아버지의 사업도 예전 같지 않아 일형에게 보내 주는 돈이 점점 줄어들더니, 나중에는 아예 돈을 보내 주지 못했어. 커니의 아주머니들이 일형을 먹여 주고, 재워 주었지만 일형은 용돈이라도 자신의 힘으로 마련하고 싶어서 신문 배달을 시작했단다. 그 뒤로 일형은 구두닦이, 식당 종업원 같은 일을 찾아 하며 용돈을 벌기 시작했지. 이렇게 일형은 다른 아이들보다 먼저 세상 속으로 뛰어들었단다. 세상 속에서 자기 몫의 일을 찾아 하는 동안 일형은 그만큼 더 단단해져 가고 있었지.

1909년, 어느덧 일형이 미국에 온 지 5년이 되었어. 그 무렵 네브래스카 주에는 많은 한국 사람들이 모여들었는데, 그들이 뜻을 모아 소년병 학교를 세웠단다. 일형에게 더욱 반가운 일은 그 소년병 학교가 일형이 살고 있는 커니에 세워진 거야. 일형은 무척 기뻐 잠도 오지 않았어.

일형은 미국에 와서 누구보다 씩씩하게 잘 지내고 있었지만 사실 마음 한구석에는 어머니와 고향에 대한 그리움이 쌓여 가고 있었지. 한 번씩 그리움과 외로움이 쌓여 목구멍까지 차오를 때면 일형은 혼자 숲속으로 달려가 어머니를 부르며 울곤 하였어. 그럴 때 일형은 아버지가 원망스러웠어.

"아버지는 왜 나만 혼자 이렇게 먼 미국 땅으로 보내셨을까? 나는 언제 고향 집으로 돌아갈 수 있을까? 흐윽, 어머니, 보고 싶어요."

이렇게 한참을 울고 나면 마음이 가라앉으면서 일형은 다시 씩씩한 소년으로 돌아갈 수 있었어. 그런데 이제 한인 소년병 학교가 생겨서 한국 사람들을 만나게 되니 일형은 마치 부모나 형제라도 만나게 된 듯 기뻤어. 소년병 학교가 생긴 소식은 재미 교포 신문인 《신한민보》에도 실렸어.

> 소년병 학교의 군기를 커니 농장에 꽂고 학도 13명을 모으니, 그중 열다섯 살이 차지 못한 어린아이가 하나요, 쉰 살이 넘는 늙은이가 하나다.

열다섯 살이 안 되는 그 어린아이가 바로 일형이었어. 소년병 학교는 여름방학에 열렸기 때문에 일형도 여름방학이 되면 소년병 학교에서 군사 훈련을 받았지. 군사 훈련은 고되었지만 기울어가는 나라를 위해 자신이 무엇인가 할 수 있다는 생각에 일형은 마음이 뿌듯했지. 또 소년병 학교에서 형들과 친구들을 만나 고향 이야기를 나누고, 미국 생활의 외로움을 달랠 수 있어서 향수병을 조금이나마 덜 수도 있었지.

소년병 학교는 커니의 한 농장에서 문을 연 뒤, 이듬해 근처에 있는 큰 도시 헤이스팅스로 옮겨 갔어. 일형 역시 헤이스팅스로 따라갔는데 마침 일형과 함께 미국으로 왔던 박용만이 헤이스팅스의 소년병 학교 교장이 되었단다.

"학생 여러분, 여러분은 무엇 때문에 이 학교에 왔는가? 바로 대한의 독립 군관이 되기 위해서이다. 여러분도 알다시피 우리 조선은 사실상 일본에게 나라를 빼앗기고 말았다. 이제 우리는 나라 없는 백성이 되고 만 것이다. 여러분 모두가 열심히 군사 훈련을 받고, 공부를 하고, 실력을 쌓아 한시바삐 잃어버린 나라의 주권를 되찾자. 지금 우리에게 주어진 임무는 바로 이것이다."

박용만 교장의 말을 들은 일형은 가슴이 뛰었지. 일찍이 집을 떠나 이역만리 미국 땅으로 와서 온갖 고생을 하며 공부하던 일형이었어. 비록 헤이스팅스 장로 교회 대학의 건물을 빌려 나라 없는 백성의 군사로 훈련을 받고 있지만, 일형의 가슴은 뜨거웠어. 앞으로 독립군의 지휘관이 되어 조국을 위해 몸 바치겠다는 생각으로 일형의 눈이 빛

났지.

    헤이스팅스 소년병 학교는 그 뒤, 1912년에 문을 닫았단다. 하지만 소년병 학교에서 쌓은 경험은 일형의 삶에 두고두고 큰 영향을 주었어. 일형의 가슴에 조국과 민족을 위해 살아가겠다는 뜻을 깊이 새겨 놓았으니까.

 얼굴이 노란 미식축구 선수

"안녕하세요?"

일형이 신문 보급소에 들어서면서 쾌활한 소리로 인사를 했어. 신문 보급소 직원은 눈을 휘둥그레 뜨며 물었지.

"예, 안녕하세요? 그런데 무슨 일로 오셨죠?"

"저는 헤이스팅스 고등학교에 다니는 학생입니다. 신문 배달을 하고 싶은데 일자리가 있을까 해서요."

"마침 신문 배달원이 그만두어서 사람을 찾고 있었는데

잘되었네요. 그런데 학생은 신문 배달을 해 본 적이 있나요?"

"예, 커니에서 중학교를 다니는 동안 신문 배달을 했습니다. 식당에서 일을 하기도 했고요. 저에게 일을 맡겨 주시면 실망시키지 않겠습니다."

일형이 당당하게 말하는 것을 보고 직원의 입가에도 웃음이 번졌어.

"잘되었네요. 그러면 이름과 연락처를 알려 주세요. 당장 내일부터 일할 수 있습니까?"

"물론입니다."

사무실을 나오는 일형의 발걸음은 하늘을 날아갈 듯 가벼웠어. 이제 일자리를 구했으니까 생활비 걱정을 덜 수 있었거든. 커니에 있을 때는 아주머니들의 도움을 받았지만 헤이스팅스로 나와 고등학교에 들어가면서 일형은 모든 것을 혼자 힘으로 해결해야 했어.

일형은 낮에는 학교에서 공부하고, 새벽에는 누구보다

먼저 일어나 신문을 배달하였지.

"일한, 오늘 배달할 신문은 탁자 위에 있어요."

"일한, 여기에 와서 차 한 잔 마시고 배달하러 나가요."

일형이 열심히 일하는 것을 보고 신문 보급소에서 일하는 직원들도 일형을 인정해 주기 시작했어. 일형이 일한으로 불리기 시작한 것도 이때부터야. 일형이 신문 보급소에 취직할 때 직원이 일형의 이름을 '일한'으로 잘못 받아 적는 바람에 생긴 일이었지.

"제 이름은 '일한'이 아니고 '일형'인데요……."

"너무 어려워요! 그냥 일한으로 부르면 안 될까?"

일형이 자신의 이름을 바로잡아 보려고 했지만 아무 소용이 없었어. 사실 영어를 쓰는 사람들에게 '형'이라는 발음은 무척 어려웠지.

"이참에 내 이름을 아예 일한으로 바꿀까? 일한이라면 이곳 사람들이 발음하기도 좋고, 또 내가 한국인이라는 것을 의미하기도 하니까 좋을 것 같은데."

일형은 곧 아버지께 편지를 보냈어.

아버님, 어머님, 집안 식구들 모두 안녕하신지요?

저는 이곳 헤이스팅스 고등학교에서 열심히 공부하고 있습니다. 아뢰올 말씀은 이번에 제 이름자를 바꾸었으면 해서입니다. 비록 몸은 먼 이국땅에 있으나 한국인으로서 저 자신을 잊지 말자는 뜻에서 제 이름 '일형'을 '일한'으로 바꿀까 합니다.

일형은 곧 아버지에게서 이름을 '일한'으로 바꾸어도 좋다는 답장을 받았어. 아버지는 일형의 뜻을 기특하게 여겨 동생들 이름도 돌림자를 '형' 대신 '한'으로 바꾸어 주었지. 그래서 동생들 이름도 중한, 명한, 성한, 동한, 특한이 되었어.

이처럼 일형, 아니 일한의 아버지는 일한을 누구보다도 믿고 지지해 주었어. 하지만 일한이 고등학교에서 운동선수로 뛰게 되었다는 소식을 듣고는 칭찬은커녕 불같이 화를 내었지.

일한이, 보아라.

내가 어린 너를 만리타국으로 보낸 것은 부지런히 새로운 문물을 배우고 익혀서 고국으로 돌아와 나라를 위해 일하라는 뜻이었다. 그런데 어찌하여 운동을 한다고 땀을 흘리며 아까운 시간을 허비하고 있단 말이냐? 쓸데없는 짓은 당장 그만두고 공부에 온 힘을 쏟도록 하여라.

사실 일한은 누구보다 열심히 공부하는 학생이었고, 성적도 뛰어났단다. 그러자 어떤 미국인 친구들은 일한을 시기하여 못살게 굴기도 했어.

'공부만 잘해서는 저들의 인정을 받을 수 없겠어. 내가 모든 면에서 강하다는 걸 저들에게 보여 주어야지.'

그래서 일한은 운동에도 힘을 쏟았단다. 육상 선수로도 뛰고 미식축구 선수로도 뽑히자, 헤이스팅스 고등학교에서는 그 누구라도 일한을 다시 보지 않을 수 없었지. 미식축구 선수가 되면 학교 장학금까지 받을 수 있었기 때문에 그래서라도 일한은 꼭 미식축구 선수가 되어야 했어. 공부하는 틈틈이 일을 하고, 또 축구 연습까지 하려면 잠을 잘 시간조차 아껴야 했지만 일한은 악착같이 노력해서 뛰어난 미식축구 선수가 되었어. 일한은 몸도 다부진 데다 한번 마음먹으면 중간에 절대로 포기하지 않는 성격이야. 그래서 거칠고 몸싸움이 많은 미식축구에서도 아주 돋보였단다. 팀에서도 가장 중요한 센터(미식축구에서 맨 앞 가운데에서 공격하는 사람) 역할을 맡아 눈부신 경기를 펼쳤지.

얼굴이 노란 동양 출신 학생
키는 작지만 날렵하고, 불같은 투지를 지닌 천재적인 선수
앞으로 미국에서 최고의 선수가 되리라

이런 평가를 받으며 일한은 헤이스팅스 고등학교에서 미식축구 선수로 이름을 떨쳤어. 하지만 미국의 문화를 잘 모르는 아버지는 일한이 미식축구 선수로 뛴다는 사실을 내내 탐탁지 않게 여겼지.

일한은 고등학교를 다니는 동안 공부도 운동도 아주 뛰

어났어. 그뿐 아니라, 영어에 자신이 붙으면서 웅변대회에도 나가고, 친구들 사이에서도 뛰어난 지도력을 드러냈지. 선생님과 친구들은 그런 일한을 인정해 주었고 일한 스스로도 자신감을 갖고 미래에 대한 꿈을 키웠단다.

일한은 장차 고등학교를 졸업하고 대학에 가기로 마음먹었어. 그때는 미국에서도 몇 안 되는 사람들만이 대학에 갈 수 있었지. 일한은 대학에 들어가 열심히 공부하며 실력을 쌓고 싶었단다. 그렇게 쌓은 지식과 실력으로 조국을 위해 일하는 것이 일한의 꿈이었으니까.

🌳 세상 속으로

고등학교 졸업을 앞두고 일한은 아버지에게서 편지 한 통을 받았어. 편지를 본 일한의 얼굴이 금세 어두워졌지.

일한아,
고등학교를 졸업하는 즉시 집으로 돌아오너라.
신학문은 배울 만큼 배웠으니 돌아와 동생들을 거느리고 집안을 일으켜 주기 바란다. 내가 식구들을 데리고 이곳 북간도로 온 지 다섯 해가 지났으나 생활의 기반이 잡히지 않고 힘이 부치는구나. 또한 이곳에는 조국의 독립을 위해 네가 할 수 있는 일들이 많이 있으니 어서 돌아와 늙은 아버지에게 힘이 되어 주기 바란다.

1910년 일제가 대한제국을 강제로 합방하자 아버지와 가족들은 북간도로 옮겨 가서 살았어. 그사이 집안 형편은 더욱 기울었지. 아버지는 이제 일한이 돌아와 집안을 일으켜 주기를 간절히 바라고 있었어.

'아버님이 많이 힘드신가 보다. 하지만 지금 돌아가기에는 너무 아쉬워. 아직은 이곳에서 공부해야 할 것들이 많은데 말이야. 그렇다고 맏아들로서 어려운 집안 형편을 모른 척할 수도 없고……. 어떡해야 하나?'

일한은 어느새 학교 상담실로 걷고 있었어.

"선생님, 안녕하세요?"

"일한 군, 어서 오게. 그렇지 않아도 일한 군이 어느 대학에 지원할 생각인지 몹시 궁금했다네."

선생님은 일한을 반겨 주며 관심 있게 일한의 앞날에 대해 물었어. 일한은 집에서 온 편지 이야기를 하며 자신의 고민을 털어놓았지.

"일한 군, 지금 대학을 포기하고 고국으로 돌아가면 다시 학업을 시작하기가 무척 어려울 걸세. 차라리 일한 군이 이곳에 남아 돈을 벌어서 아버지께 보내드리는 게 어떤가. 그러면 당장 대학에 다니지 못하더라도 준비가 되는 대로 다시 공부를 시작할 수 있을 걸세."

선생님은 일한의 처지를 안타까워하며 은행에 소개를 해 주었어. 선생님이 일한을 위해 은행에 보증을 서 준 덕분에 일한은 은행에서 100달러나 되는 큰돈을 빌릴 수 있었지.

그때에 100달러는 아주 큰돈이었어. 일한이 보내 준 100달러로 아버지는 북간도에 넓은 농장을 살 수 있었지. 북간도의 가족들이 이 농장을 잘 꾸려 간 덕분에 집안 형편은 다시 좋아졌단다.

한편 고등학교를 졸업한 일한은 은행에서 빌린 돈을 갚기 위해 헤이스팅스에서 멀리 떨어진 디트로이트로 갔어. 디트로이트는 미국 북동부에 있는 공업 도시로, 막 자동차 산업이 시작된 곳이야. 그래서 미국 곳곳에서 사람들이 모여들어 도시 전체에 활기가 넘치고 있었지.

일한은 디트로이트에 있는 '에디슨 변전소'에 취직하였어. 한시바삐 은행에서 빌린 돈을 갚고 대학에 가기 위해서 일한은 정말 열심히 일했지. 다른 직원들은 야간과 휴일에는 일을 안 하려고 했지만 일한은 달랐어. 야간과 휴일에도 일하겠다고 먼저 나섰지. 그런 날은 특별 수당을 더 받을 수 있기 때문이야.

한번은 크리스마스 전날 밤인데, 그날도 일한이 혼자 당직을 서고 있었지. 일한은 쉬지 않고 일한 터라 피곤해서 깜박 잠이 들고 말았어. 그런데 크리스마스 전날이라 집집마다 전기를 많이 쓰는 바람에 그만 정전 사고가 난 거야. 정전 사고가 나면 빨리 사고 원인을 찾아내고 고쳐야 하는데, 일한은 아무것도 모른 채 그냥 잠만 잔 거야.

그래서 비상 전화가 오고, 다른 직원들이 달려오고, 한바탕 소동이 난 뒤에야 가까스로 정상으로 돌려놓을 수 있었단다.

"오늘 당직이 누구인가? 누가 당직을 섰길래 정전 사고를 이렇게 오래 끌었단 말인가?"

회사 책임자는 굳은 얼굴로 직원들을 둘러보았어.

"제가 당직입니다. 그만 잠이 들어 사고를 금방 수습하지 못했습니다. 죄송합니다."

일한은 앞으로 나서 자신의 잘못을 솔직하게 사과했어.

"우리 회사에서는 정전이 제일 큰 사고라는 걸 모르는가? 특히 오늘 같은 크리스마스 전날 밤에 디트로이트 시가 오랜 시간 암흑천지가 된 건 아주 중대한 문제라네!"

"알고 있습니다. 저의 책임이 큽니다. 마땅한 처벌을 받겠습니다."

일한은 회사에서 쫓겨나도 좋다는 각오로 책임자의 처분을 기다렸지.

"하느님의 은총이 가득한 크리스마스에 일어난 사고이

니 책임을 묻지는 않겠네. 하지만 다시는 이런 사고가 나서는 안 되네."

　일한은 큰 잘못을 저질렀는데도 크리스마스에 일어난 일이라 다행히 처벌을 받지 않고 넘어갔어. 어쩌면 그동안 열심히 일한 덕분에 얻을 수 있었던 행운이었는지도 몰라. 이렇게 1년 동안 에디슨 변전소에서 열심히 일한 끝에 일한은 은행에서 빌린 돈을 모두 갚을 수 있었지.

첫 사업

 1916년 가을, 스무 살의 일한은 미시간 대학에 입학하였어. 미시간 대학은 디트로이트와 가까운 앤아버에 있는데 일한이 선택한 것은 상과였어. 상과는 실제로 기업을 하거나 장사를 할 때 필요한 경영학이나 회계학 같은 학문들을 배우는 곳이야.

 일한은 상과를 택하면서 마음 한구석에서 어린 시절 아버지가 하시던 말씀을 떠올렸어.

"일형아, 너는 열심히 공부해서 선비가 되거라. 남자로 태어났으면 선비가 되어 과거 시험을 보고 벼슬을 하는 것이 제일 좋단다. 우리 나라에서는 예로부터 '사농공상'이라 해서 선비를 제일로 치고, 장사꾼을 가장 아래에 두잖니."

일한의 아버지만 해도 뛰어난 장사꾼이었지만 조선에서 상공업을 천하게 여긴 탓에 제대로 대접을 받지 못했지. 아버지의 피를 물려받아서인지 일한도 자라면서 장사나 사업에 저절로 관심을 가지게 됐어. 또 10여 년 동안 미국에서 살면서 보고 느낀 것이, 상공업이 발달하여야 나라가 강해지고, 국민들이 잘살 수 있다는 사실이었지. 일한은 나중에 조국에 돌아가 상공업을 일으켜 잘사는 나라를 만들고 싶었고, 그래서 대학에서도 상업을 배우기로 한 거야.

'내가 상과에 지원한 걸 아시면 아버지는 아마 그 자리에 주저앉으실지도 몰라. 하지만 내 꿈은 일제에 빼앗긴 나라를 되찾는 것, 그리고 조국의 동포들이 잘살 수 있게 만드는 것이야. 그래서 상과를 지원한 것이니까 아버지도 언젠가 이해해 주시겠지. 그나저나 생활비를 벌어야 하는

데 이제 어떤 일을 해야 하지?'

일한은 생각에 잠겼어. 어려서부터 여러 가지 일을 해서 돈을 벌어온 터라 이제 돈 버는 일이 어렵게 여겨지지는 않았어. 하지만 대학에서 제대로 공부하려면 돈 버는 데 너무 많은 시간을 쓸 수는 없었지.

"어떻게 하면 시간에 매이지 않고 돈을 벌 수 있을까?"

강의실을 찾아가는 내내 일한은 이런저런 궁리를 하였어.

"안녕하세요? 여기 중국 물건들을 몇 가지 가져왔는데 혹시 보시겠습니까?"

"중국 물건이라고요?"

"예, 비단도 있고, 찻주전자, 부채도 있습니다. 여기 수가 놓인 손수건은 아주 예쁘답니다."

일한이 중국 음식점에 들어가 가방에서 물건을 꺼내자, 식당 안에 있던 사람들이 일한의 곁으로 몰려들었어.

"정말 중국 물건이잖아! 어쩜, 이 찻잔은 정말 작고 예쁘네요. 마침 중국 차를 마실 찻잔이 필요했는데……."

"이 부채는 우리 마누라에게 사다 주면 좋아하겠군!"

사람들은 저마다 마음에 드는 물건을 고르고 물건 값을 흥정했어. 중국인들은 이역만리 떨어진 미국에서 중국 물건을 보자 마치 고향 친지라도 만난 것처럼 반기며 물건을 사기 시작했어. 이렇게 해서 일한의 첫 사업은 시작부터 잘 풀렸단다.

일한은 중국 물건을 떼어 와 중국인들에게 파는 일을 사업으로 시작한 거지. 그때 미국에서는 동부 지역과 서부 지역을 잇는 대륙횡단철도가 막 건설되었어. 이 철도 건설 때 노동자들이 많이 필요했거든. 그래서 중국인 노동자들이 그 일자리를 보고 미국으로 건너왔어. 이들은 철도 공사가 끝난 뒤에 새로운 일거리를 찾아 도시로 와서 살았는데, 도시마다 이들 중국인의 숫자가 적지 않았지.

중국인들은 워낙 알뜰하고 검소해서 웬만해서는 지갑을 열지 않았는데, 일한이 가져온 중국 물건을 보자 너나없이 선뜻 지갑에서 돈을 꺼냈어. 그들도 일한처럼 향수병을 앓고 있었던 거야. 일한은 자신과 처지가 비슷한 중국인의 마음을 읽고 그것으로 사업을 시작하였지. 중국인들은 일한이 가져오는 물건을 사고, 필요한 물건은 주문하기도 하였어. 단골이 늘어나면서 일한의 사업은 더욱 커졌어. 학비와 생활비를 버는 데에 모자람이 없게 되었지.

"일한, 자네는 어쩜 그리 장사를 잘하는가? 비결이 있으면 나도 좀 가르쳐 주게."

일한의 친구들은 부러워하며 일한에게 장사를 가르쳐 달라고도 하였지.

"비결이랄 게 뭐 있겠나? 중국 사람들이 좋아하는 물건, 필요한 물건을 가져와서 팔면 되는 거지. 참, 그런데 이익을 많이 붙여서 팔면 안 된다네. 그러면 물건 값이 비싸져서 사람들이 사고 싶어도 살 수 없으니까. 품질이 좋은 물건에 가격을 적절하게 붙이면 잘 팔리니까 그게 비결이라면 비결이겠군."

그즈음 미시간 대학에 다니는 한국과 중국 학생들이 모여 '한중학생회' 라는 모임을 만들었어. 한중학생회라고 해도 한국 학생은 몇 되지 않았고 대다수가 중국 학생들이었지만, 사람들이 잘 따르고 지도력이 있는 일한이 회장으로 뽑혔지.

"일한, 오늘 소개해 줄 사람이 있어요."

어느 날, 한중학생회의 한 여학생이 일한에게 말했단다.

"나와 같이 의대에서 공부하고 있는 친구인데 오늘 이곳에 오기로 했어요. 이름은 호미리라고 하는데, 아마 만나 보면 일한도 한눈에 반할 거예요."

과연 잠시 후에 나타난 호미리를 보고 일한은 금세 호감을 느꼈지. 호미리도 일한이 마음에 들었던 터라 그 뒤로 두 사람은 자주 만나며 서로 이야기를 나누었어.

어느 날 일한은 호미리와 함께 미시간 호숫가로 갔어. 미시간 호수는 말이 호수지, 바다처럼 끝이 보이지 않는 넓고 큰 곳이야. 호수에서 불어오는 싱그러운 바람을 맞으며 두 사람은 천천히 호숫가를 거닐었어. 의학을 공부하는 호미리는 곧 미시간 대학을 졸업하면 대학원에서 전공 공부

를 해야 했어. 호미리의 진로가 궁금한 일한이 물었지.

"미리 씨, 대학원은 어디로 갈 생각인가요?"

"저는 코넬 대학에 가려고 해요. 소아과에서 공부하려고요."

"코넬 대학이요? 코넬 대학은 이곳에서 무척 멀리 떨어져 있는데……."

"일한 씨는 졸업하면 어떻게 할 계획이세요?"

"저는 졸업을 하고 취직을 할 생각입니다. 취직을 해서 경험을 쌓은 뒤에는 제 사업을 할 생각이지요."

"일한 씨는 역시 사업가가 되시겠군요."

"그렇습니다. 저는 사업가가 되어 조국에 돌아가 일하고 싶습니다. 지금은 일본에 나라를 빼앗겼지만 다시 나라를 찾고 산업을 발전시켜 한국을 잘사는 나라로 만드는 것이 저의 목표랍니다."

평소에는 나지막하고 온화하게 이야기하는 일한이었지만 조국에 대한 이야기를 할 때에는 자기도 모르게 목소리에 힘이 들어가곤 하였지.

"그렇군요. 일한 씨는 언젠가는 한국으로 돌아가시겠네요."

"그렇습니다."

여기까지 이야기를 마친 두 사람은 걸음을 멈추고 말없이 호수의 수평선을 바라보았어. 한참이 지나 일한이 무언가를 결심한 듯 호미리 쪽으로 고개를 돌려 물었지.

"저어, 미리 씨. 미리 씨를 제 아내로 맞고 싶다면 제 욕심이 지나친 걸까요?"

호미리는 작은 한숨을 내쉬었어.

"저도 일한 씨를 좋아하지만 일한 씨는 언젠가 한국으로 돌아가야 할 분이잖아요."

"그렇습니다. 그래서 저와 인생을 함께한다는 일이 쉽지 않을 것입니다. 미리 씨, 천천히 생각해 주세요. 저는 미리 씨의 결심이 설 때까지 기다리겠습니다."

일한은 호미리를 바라보며 간절한 마음을 담아 말했어.

 필라델피아에서 외친 대한 독립 만세

"대한 독립 만세!"

"대한 독립 만세!"

목청껏 만세를 부르는 사람들의 얼굴은 붉게 달아올랐어. 더러는 눈가에 흐르는 뜨거운 눈물을 닦느라 소맷부리를 얼굴로 가져갔지. 조국을 떠나 태평양을 건너 온 미국 땅에서, 그것도 미국 독립의 역사가 배어 있는 필라델피아 독립회관에서 조국 대한의 독립 만세를 외쳐 부르니, 일한도 벅차오

르는 감격으로 가슴이 터질 것 같았어. 1919년 4월 17일의 일이었단다.

1919년 3월에 한반도에서는 독립 만세 운동이 일어나 삼천리 방방곡곡이 태극기로 뒤덮였지. 조국의 동포들이 일제의 총칼 앞에 일어나 대한의 독립을 외친 사건은 곧 전 세계에 알려졌단다. 미국에 살고 있던 우리 교민들도 이 소식을 듣고는 독립운동가 서재필 박사의 주도로 필라델피아에 모여 '한인 자유 대회'를 열었어.

일한도 이 대회에 참석했는데, 비록 졸업을 앞둔 스물네 살짜리 대학생일 뿐이었지만 〈한국 국민의 목적과 열망을 석명하는 결의문〉을 만드는 데에도 함께하고, 또 모인 사람들 앞에서 결의문을 읽기도 하였어. 회의장을 나온 한인들은 태극기를 앞세우고 독립회관으로 행진해 가서는 우리의 독립선언문을 낭독했어. 서재필 박사가 먼저 대한 독립 만세를 외치자 다른 사람들도 입을 모아 대한 독립 만세를 따라 외쳤단다. 일한은 이날의 흥분과 감동을 마음 깊이 새겼어.

또 일한은 이때 만난 서재필 박사를 두고두고 큰 스승으로 모셨어. 서재필 박사는 오래전 김옥균과 함께 갑신정변을 주도했는데 갑신정변이 실패하자 일본을 통해 미국으로 망명하였어. 돈 한 푼 없이 미국으로 건너와서는 어렵게 혼자 힘으로 의과대학을 졸업하고 의사가 된 분이야. 서재필 박사는 의사로서 미국에서 편안하고 넉넉한 삶을 누릴 수도 있었지만 조국의 독립을 위해 스스로 가시밭길을 골라 걸어왔어.

"유 군, 유 군처럼 훌륭한 청년이 있다는 건 우리 대한으로서 참으로 기쁜 일일세. 부디 열심히 공부하고 실력을 길러 조국과 동포를 위해 큰일을 해 주게."

서재필 박사는 청년 유일한의 손을 꼭 잡으며 당부의 말을 잊지 않았어.

"박사님, 제가 부족하지만 박사님 가르침대로 열심히 따르겠습니다."

이후, 일한은 서재필 박사를 아버지처럼 존경하고 의지하며 자신의 크고 작은 일들을 그와 의논하였지.

숙주나물 장사

대학을 마친 일한은 '미시간 중앙철도회사'에 취직했다가 곧 '제너럴 일렉트릭'으로 옮겼어. 제너럴 일렉트릭은 미국에서 몇째 가는 큰 회사라 일한이 기업 운영에 대한 경험을 쌓기에 좋았지. 회사도 일한의 능력을 높이 사서 아시아 지역을 맡는 책임자 자리를 주려고 했어. 하지만 일한에게는 다른 목표가 있었어. 바로 자신의 사업을 시작하는 것이었지.

오랜만에 호미리를 만난 일한은 붉은 등을 달아 꾸민 중국 식당에서 함께 식사를 하였어.

"일한 씨, 숙주나물 장사를 하겠다는 게 정말이에요?"

"그렇습니다. 미리 씨! 숙주나물을 길러서 팔면 돈을 많이 벌 수 있을 것 같아요."

일한은 호미리가 깜짝 놀라는 모습을 재미있다는 듯이 보며 빙그레 웃음을 지었어.

"자, 미리 씨, 여기 만두 속에도 숙주나물이 들어가잖아요. 미리 씨도 잘 알 테지만 중국 음식에는 숙주나물이 여기저기 두루 쓰여요. 하지만 숙주나물은 보관이 쉽지 않아서 많이 갖다 두면 쉬이 상하고, 조금 갖다 두면 금세 부족해지지요. 그래서 중국 식당에서는 숙주나물을 골칫거리라고 하던데요."

"그건 그래요. 그런데 일한 씨가 어떻게 그런 것까지 알아요?"

호미리가 궁금해하자, 일한은 더욱 신이 나서 목소리를 높였단다.

"제가 중국 식당에서 일을 많이 했거든요. 그때 경험을 생각해 보니, 숙주나물을 편리하게 공급하면 사업이 될 것 같아서 숙주나물을 유리병에 넣어 팔려는 겁니다. 유리병에 넣어 팔면 오래 보관할 수 있는 데다 위생적이어서, 중국 식당은 물론 미국 가정에서도 안심하고 사 먹을 수 있겠지요."

그제야 호미리가 두 손을 내저으며 말했어.

"저는 처음에 일한 씨가 농담하는 줄 알았어요. 일한 씨 말을 듣고 보니 사업이 잘될 것 같네요. 아무쪼록 성공하시길 바라요."

호미리는 일한을 위해 건배를 해 주었지.

과연 일한의 생각대로 숙주나물 사업은 잘되어 갔어. 숙주나물을 유리병에 넣어 열처리해서 판매하니 보관 기간도 길어지고 위생적이라 여기저기 숙주나물을 주문하는 곳이 많아졌어.

숙주나물이 날개 돋친 듯 팔려나가자 일한은 거기에 만

족하지 않고 다시 새로운 방법을 생각해 냈어. 유리병은 운반할 때 잘 깨지는 단점이 있는데 그걸 통조림으로 만들어 팔면 좋겠다 싶었던 거지. 하지만 통조림을 만드는 일은 유리병에 넣어 파는 것보다 훨씬 까다로운 과정을 거쳐야 하고 생산 설비도 복잡하단다. 그래서 일한은 대학 동창인 윌레스 스미스를 찾아가 같이 사업을 하자고 했어. 뜻이 통한 두 사람은 '라초이 식품 회사'를 세우고, 숙주나물과 여러 가지 동양 식품을 통조림으로 만들어 팔았지.

처음에는 기술 문제로 어려움을 겪었지만 라초이 식품 회사는 곧 이 문제를 해결하고 날로 커져 갔단다. 가까운 디트로이트나 시카고뿐만 아니라 뉴욕과 펜실베이니아에서도 라초이 식품 회사로 주문을 해 왔지.

일한은 젊은 사업가로서 보기 드문 성공을 거두었어. 호미리와도 신뢰와 애정을 쌓아 갔어. 호미리의 집안은 미국에 살고 있는 중국인들 사이에서 널리 알려져 있었단다. 아버지 역시 미국 서부 철도 회사의 높은 자리에서 일하는 간부였어.

"미스터 류라고 했는가?"

"그렇습니다."

"내 딸에게서 자네 얘기를 많이 들었네. 직접 만나 보니 마음이 놓이는군."

호미리의 아버지는 일한의 신사다운 모습을 보고 두 사람의 결혼을 허락해 주었어. 한편 일한은 북간도에 있는 아버지께 호미리라는 중국 여성과 결혼하고 싶다고 자기 뜻을 알렸어. 일한의 아버지는 처음에는 다른 나라 여성을 며느리로 맞는 게 달갑지 않았어. 하지만 일한이 간곡하게 설득한 끝에 마침내 두 사람의 결혼을 허락해 주었지.

1925년, 주변 사람들의 축복을 받으며 유일한은 호미리

와 결혼식을 올렸어. 유일한의 나이 서른 살, 호미리가 한 살 아래였지. 일한은 몹시 행복했어. 사랑하는 여성을 아내로 맞이하자, 마치 세상을 모두 얻은 것처럼 기뻤단다. 부인 호미리는 미국에서 동양인으로는 처음으로 소아과 전문의가 되어 자신의 일에 한창이었어. 일한이 세운 라초이 식품 회사도 점점 커져서 미국에서 제법 알려졌지.

일한은 아내를 사랑하고 이해했으며, 아내 역시 일한을 사랑하고 믿었어. 가정과 일 모두가 만족스럽고 성공적이었어. 하지만 일한의 마음은 개인적인 행복에 머무르지 않았어. 일한의 마음속에는 조국이 자신을 부르는 소리가 나날이 커져 가고 있었던 거야.

"여보, 언젠가 내가 조국과 동포들을 위해 일하고 싶다고 한 말을 기억해요?"

저녁을 마치고 아내와 함께 차를 마시던 일한이 말을 꺼냈어.

"그럼요, 그래서 저는 당신이 언젠가는 한국으로 돌아갈 사람이라는 생각에 더 만나야 할지 말지를 고민했지요."

"여보, 이번에 내가 회사에서 필요한 콩과 녹두를 사러 중국에 갈 계획이에요. 그때 한국에도 가 볼 생각이에요."

유일한의 말에 아내는 눈을 크게 떴어.

"네? 지금 한국으로 돌아가려고요?"

"아니, 지금 당장은 아니에요. 이번에는 조국의 상황을 내 눈으로 직접 살펴보고 올 생각이에요. 조만간 조국을 위해 일해야 할 것 같으니까요. 또 북간도에도 가서 가족들을 만나 인사도 드리고 오려 해요."

"그렇군요. 그럼 이번 출장은 좀 길어지겠네요."

호미리는 자기도 모르게 한숨이 나왔어. 한국이라는 나라가 사랑하는 남편에게는 꿈에도 잊지 못하는 조국이지만 자기는 말도 통하지 않는 낯선 곳이니까 말이야. 각오는 하고 있었지만 장차 그곳에서 살아야 한다고 생각하니 호미리의 마음은 새삼 무거워졌어.

조국의 낯선 풍경

 출장을 떠난 일한은 먼저 중국 상하이로 갔어. 중국에는 라초이 식품 회사에서 필요한 질 좋은 콩과 녹두가 얼마든지 있었지. 그런데 한 가지 이상한 점이 있었어. 엄청난 양의 곡물을 거래하는 가게가 겉보기에는 작고 보잘것없다는 것이었지. 일한은 어느 가게에서 콩과 녹두를 계약하고는, 궁금한 마음에 중국인 주인에게 물어보았어.

 "선생님, 저는 이 가게에서 이처럼 많은 콩과 녹두를 구할 수 있으리라고 생각지도 못했습니다. 큰 사업을 하는 가게 치고는 너무 작고 초라한 것 같아요."

일한의 물음에 가게 주인은 너털웃음을 터뜨렸어.

"허허허, 젊은 양반이 사업을 잘 모르는군. 가게가 크고 번드르르하면 그만큼 장사가 잘 되는 줄 알고 세금을 많이 내라고 한다네. 세금 낼 것 다 내면 내게 오는 이득이 그만큼 줄어들지 않겠나."

가게 주인은 콩과 녹두를 많이 사 준 보답으로 일한을 자기 집으로 초대해 식사를 대접했어. 일한은 가게 주인이 타고 다니는 고급차와 사치스러운 가구로 꾸며진 으리으리한 집을 보고 다시 한 번 깜짝 놀랐지. 온갖 맛 좋은 요리가 가득 차려진 음식상을 보며 일한은 곰곰이 생각했어.

'사업을 하는 사람이 내야 할 세금을 적게 내고 자기 주머니만 채우다 보니, 자신은 제왕처럼 잘살아도 나라꼴은 말이 아니구나! 큰 나라 중국이 영국이나 일본같이 자기보다 작은 나라와 전쟁해도 늘 지고, 시달림과 멸시를 받는 것도 이런 까닭인가 보다.'

일한은 사업을 하면서 세금을 제대로 내는 것이 얼마나 중요한 일인지를 깊이 깨달았지.

상하이에서 콩과 녹두를 사서 미국으로 부친 다음, 일한은 마침내 귀국길에 올랐어. 중국에서 한국으로 바로 오는 배가 없어서 일본 나가사키까지 배를 타고 갔다가 거기에서 부산으로 둘러 올 수밖에 없었지. 하지만 일한의 마음은 이루 말할 수 없이 벅차 올랐지. 아홉 살 코흘리개가 시른 살의 늠름한 사업가가 되어 조국 땅을 다시 밟게 되었으니까 말이야.

조국 땅을 밟고 감격에 겨웠던 일한은 곧 가슴이 에이는 고통을 느껴야 했단다. 20여 년 만에 돌아온 조국은 너무나 가난하고 비참했어. 그만큼 낯설고 충격이었지. 길거리에는 남루한 옷을 입은 사람들이 무거운 짐을 나르고 있었어. 길가에 쪼그리고 앉아 보잘 것 없는 물건을 파는 아낙네들, 엄마의 치맛귀를 잡고 칭얼대는 아이들, 모두 제대로 먹지 못해 몸은 여위고 눈은 퀭해 보였어.

가끔은 잘 차려입은 사람들과 새로 지은 산뜻한 건물이 보였는데 대개가 일본 사람이거나 일본 가게들이었지. 조국의 산업은 한참이나 뒤떨어져 있었고 그나마 돈이 되는 일들은 일본 사람들이 차지하고 있었지. 그래서 동포들은 일하려 해도 일자리가 없었고, 그나마 일자리를 구한 사람들도 입에 풀칠하기조차 어려운 생활을 하고 있었어. 무엇보다 일한의 눈길을 끈 것은 병에 걸려 고통을 받는 사람들 모습이었어. 병이 나도 제대로 약을 쓰지도 못하고, 치료도 못 받는 게 분명했어.

"건강한 국민이라야 장차 교육도 받을 수 있고, 나라를 되찾을 수도 있는데……."

일한은 부산에서 기차를 타고 경성으로 가는 동안 조국으로 돌아와 자신이 과연 무슨 일을 할 수 있을지 곰곰이 생각했어.

일한이 경성역에 다다르자, 건장한 남자들이 일한 앞에 나타났어.

"당신이 유일한이요? 조사할 것이 있으니 우리와 함께 갑시다."

그들은 조선총독부 경무부의 형사들이었어. 일본 당국은 일한이 1919년 4월에 필라델피아 한인 자유 대회에 앞장서 참여한 것을 알고 있었어. 그래서 일한이 중국과 나가사키를 거쳐 경성으로 들어오자 여러 곳을 거친 게 의심스럽다며 잡아들인 거지.

"당신은 무슨 일로 조선에 들어왔소? 불순분자들과 독립 운동을 꾸미기 위해 들어온 것 아니오?"

형사들은 일한을 데려가 꼬치꼬치 캐물었지만 일한은 일본말과 한국말을 잘 알아듣지 못했어.

"안 되겠군, 영어를 잘하는 사람을 불러다 통역을 해야겠어."

그래서 경성 세관에서 일하던 예동식이란 사람을 데려와 통역을 시켰는데, 예동식은 일한의 말을 찬찬히 듣고는 일한의 입장을 잘 헤아려 형사들에게 말해 주었어.

"이분은 어린 나이에 미국으로 공부하러 가서 혼자 힘으로 돈을 모으고 성공한 사업가입니다. 식품 회사에 필요한 녹두와 콩을 구하러 중국에 갔다가 가족들을 만나러 북간도로 가는 길이라고 합니다. 가족을 만나고는 바로 미국으로 돌아갈 거랍니다."

예동식이 말을 잘 전해 준 덕분에 일한은 더는 곤욕을 치르지 않고 풀려날 수 있었지.

"고맙소, 예동식 씨. 이번에 참으로 큰 도움을 받았소. 나는 앞으로 이곳에 돌아와 사업을 할 계획이라오. 그때에도 나를 많이 도와주시구려."

일한은 예동식과 헤어진 뒤, 에비슨 박사를 만났단다. 에비슨 박사는 미국의 세브란스라는 부자에게 기부를 받아 우리 나라에 세브란스 병원을 일구어 낸 선교사이자 의사야.

"미스터 류, 미스터 류처럼 대학 교육을 받은 사람이 조국에 돌아와 일한다면 더없이 좋을 텐데. 이곳에 와서 보았겠지만 여기에는 할 일이 너무도 많아요."

에비슨 박사는 일한의 두 손을 꼭 잡으며 한시바삐 조국으로 돌아오라고 진심으로 권하였어.

에비슨 박사의 말을 마음속으로 새기며 북간도로 간 일한은 마침내 가족을 만났어.

"아버지, 일한이 돌아왔습니다."

일한은 아버지와 어머니 앞에 큰절을 올렸어.

"어서 오너라, 먼길 오느라 고생 많았다."

아버지는 다 자란 아들을 바라보며 흐뭇하게 고개를 끄덕였고, 어머니는 이제 어른이 된 아들을 껴안으며 눈물을 지었지. 참으로 오랜만에 가족이 다시 만났단다. 일한이 떠날 때 꼬마였던 동생들은 다 자라 어른이 되어 있었고, 그사이 새로 태어난 동생들도 의젓하게 자라 있었지.

일한은 가족들과 나누고 싶은 말이 가슴속에 가득했지만 정작 입으로는 몇 마디 말밖에 나눌 수가 없었어. 일한이 오랫동안 미국 사람들 틈에서 지내다 보니 우리 말이 서툴렀던 거야. 참으로 답답한 노릇이었지.

"네가 미국에서 사업에도 크게 성공을 거두었다니 그만하면 되었다. 이제는 돌아오너라."

헤어지는 자리에서 아버지는 일한에게 이렇게 말했어.

"알겠습니다. 아버님, 어머님, 다시 뵐 때까지 안녕히 계십시오."

일한은 아쉬운 만남을 뒤로 하고 다시 미국으로 가는 배에 올랐어. 미국으로 돌아가는 배 위에서 일한은 이번 여행을 통해 느낀 점을 정리해 보았어.

'조국의 장래를 위해서는 첫째가 사람들이 배워야 하고, 둘째는 산업을 발전시켜 일자리를 만들어야 한다. 그 다음으로는 보건 문제를 해결해야 한다. 교육은 당장 나의 힘만으로는 힘들 테지만 일자리는 내 힘으로 만들 수 있겠어. 조국으로 돌아와 사업을 일으키면 동포들에게 일자리를 줄 수 있어. 그리고 보건 문제는……. 제때 약이라도 쓸 수 있다면 많은 사람들이 고통을 겪지 않아도 되고 수많은 목숨을 구할 수도 있을 텐데. 맞아! 약이 필요해.'

일한은 마음속으로, 하루빨리 조국으로 돌아와 의약품 사업을 하겠다는 결심을 했지.

 아름드리 버드나무가 되어 주게

"월레스, 라초이 식품 회사를 자네 혼자서 운영하면 어떻겠나?"

출장을 마치고 돌아온 일한이 이렇게 말을 꺼내자 동업자인 월레스는 깜짝 놀랐단다.

"무슨 소리야? 우리 회사가 나날이 커지고 있는데 나 혼자 맡아서 하라니?"

"이번 여행에서 곰곰이 생각해 보았는데, 나는 아무래도 한국으로 돌아가서 사업을 해야 할 것 같아."

"일한, 다시 생각해 봐. 한국은 일본의 식민지야. 그런 곳에서 무슨 사업을 할 수 있겠어. 그리고 우리 회사는 점점 커지고 있는데 지금 자네 몫을 포기하는 게 아깝지도 않나?"

월레스가 말렸지만 일한은 이미 마음을 정했어. 일한은 라초이 식품 회사의 지분을 월레스에게 넘기고 그 돈으로 조국에서 사업을 일굴 종자돈을 마련하였지.

1926년이 되었을 때, 마침 일한은 세브란스 의학 전문학교의 에비슨 박사에게서 초청장을 받았어. 일한을 연희전문학교 교수로, 부인 호미리 여사를 세브란스 의학 전문학교의 소아과 과장으로 모시고 싶다는 내용이었지. 일한은 초청장을 아내에게 보여 주었어.

"여보, 이번 기회에 한국에 돌아가면 어떨까?"

"그래요, 당신이 한국에 돌아가기로 마음을 굳혔으니 더 늦출 필요도 없지요. 그나저나 나는 한국말을 몰라서 아이들을 제대로 진료할 수 있을지 그게 걱정이에요."

"걱정 말아요, 당신은 잘 해낼 거요. 또 당신 옆에는 내가 있잖소."

유일한은 남편을 따라 낯선 한국 땅으로 따라나서려는 아내에게 미안하면서도 자신을 이해해 주는 아내가 진심으로 고마웠어.

일한은 의사인 아내와 의논하여 한국에 필요한 의약품을 사 모으며 귀국 준비를 서둘렀지. 귀국 준비가 끝나갈 즈음 서재필 박사를 찾아갔어.

"일한 군, 잘 생각했네. 자네가 조국으로 돌아가 일하겠다니 정말 고맙네. 정치나 힘으로 독립운동을 하는 것도 중요하지만, 국민들에게 필요한 사업을 해서 나라를 일으켜 세우는 것도 아주 중요한 일일세."

서재필 박사는 일한을 격려하며, 버드나무를 새긴 나무판을 선물로 내밀었어.

"자네 성씨가 유, 버드나무를 뜻하는 게 아닌가. 그래,

기념이 될 듯해서 내 딸에게 만들어 달라고 하였다네.

부디 조국으로 돌아가거든 아름드리 버드나무가 되어 주게."

"박사님, 고맙습니다."

일한은 서재필 박사가 주는 선물을 조심스레 받아들었어. 선물을 보니 서재필 박사가 자기에게 무엇을 말하려는지 알 수 있을 것 같았지.

일제의 지독한 압박과 가난한 살림살이에 지친 동포들에게 시원한 그늘을 내어 주는 버드나무, 아름드리 버드나무가 되어 달라는 것이었지. 그것이 서재필 박사가 일한에게 진짜 하고 싶은 말이었던 거야.

유한양행으로 합시다

유일한은 마침내 아내와 함께 조국으로 돌아왔어. 두 사람의 귀국은 신문에 실릴 만큼 온 나라 사람들의 관심을 받았단다. 어린 나이에 미국으로 건너가 혼자 힘으로 대성공을 거둔 기업가가 중국인 의사 부인과 함께 귀국했다고 말이야.

유일한은 한국에 돌아온 뒤에도 연희전문학교 교수로 가지 않았어. 우리 말이 서툴러서 학생들을 가르치는 데에 자신이 없었고, 무엇보다 자신의 기질이 교수보다는 사업가에 맞는다는 생각이 들었어. 부인 호미리 여사 역시 언어 문제 때문에 세브란스 의학 전문학교로 가지 않고 개인 병원을 열기로 하였어.

유일한은 자신의 회사를 세웠어. 지난번 한국에 왔을 때 통역을 해 준 예동식도 회사를 세우는 데 힘을 보탰지.

"사장님, 회사 이름을 사장님의 이름 '유일한'에서 '일' 자를 빼고 '유한'이라고 하는 것은 어떨까요?"

예동식의 말에 유일한은 고개를 끄덕였어.

"어, 괜찮은데요. 좋습니다. 그러면 회사의 이름은 '유한양행'으로 합시다. '양행'은 서양의 수입품을 파는 신식 상점이라는 뜻이니까, 우리가 팔 물건이 어떤 종류든 폭넓게 아우를 수 있어서 좋겠습니다."

"사장님, 그렇지만 양행은 작은 가게에나 어울리는 이름이 아닐까요? 회사나 기업 이름으로는 좀……."

"그렇지요. 하지만 그래야 일본의 눈에 잘 띄지 않겠지요. 우리 회사가 처음부터 큰 회사라는 인상을 주면 일본 당국이 사사건건 시비를 걸 거요."

유일한은 서재필 박사가 선물한 버드나무 나무판 그림을 유한양행의 상표로 정하였어. 이렇게 해서 유한양행은 서울 한복판 종로 2가의 한 신식 건물에 간판을 내걸었단다.

처음에 유한양행은 미국에서 들여온 의약품을 주로 팔았어. 그 당시 많은 사람들을 괴롭히던 유행성 학질('말라리아'라고도 하며, 말라리아 모기가 옮기는 전염병)이나 결핵, 또 피부병 같은 질병들의 치료제와 기생충을 없애는 약 들이었지. 지금은 대수롭지 않은 병이지만, 그때는 이런 병에 걸리면 제대로 약을 쓰지 못해 죽는 사람이 많았어. 꼭 필요한 약을 이익을 많이 붙이지 않고 싸게 파니까, 너도나도 유한양행의 약을 찾았지. 그래서 유한양행은 점점 더 많은 사람들 사이에 알려졌단다.

유일한은 약을 팔기 위해서 직원과 함께 자동차를 타고 전국을 다녔는데 그러면서 사람들의 생활을 눈여겨보았어.

생활에 필요한 것은 없는지, 개선할 점은 없는지 살펴보느라 말이지.

한번은 농부들이 쓰는 농기구가 불편한 것을 보고, 미국 농부들은 더 편리한 농기구를 쓰던 것이 생각났어. 그래서 바로 그 농기구를 수입해서 팔기도 하였지.

하루는 시골 장터를 지나는데 사람들이 입은 흰 옷이 햇빛을 받아 눈부시게 빛나고 있었어.

"우리 나라 사람을 백의민족이라 부르더니, 참으로 흰색 옷을 즐겨 입는구려."

유일한은 길거리의 사람들을 가리키며 옆 자리에 앉은 직원에게 말했어.

"임자, 들어 보라고! 내가 어렸을 적에 말이지, 우리 어머니가 깨끗이 빨아서 풀까지 먹여 다듬어 주신 흰 바지를 입고 나갔다가 쇠등을 타고 노는 바람에 금방 더럽혀 버린 적이 있지. 그래서 어머니께 아주 혼났어. 흰색은 보기에는 깨끗해서 좋지만 때가 잘 타니 그것을 자주 빨아 입으려면 여간 성가신 게 아니거든."

"그렇지요. 그리고 흰 옷을 입으면 더럽히지 않으려고 아주 조심해야 하지요."

"그래, 이참에 우리가 옷감을 물들이는 염료를 수입해서 팔면 어떻겠소? 쉽게 염색을 할 수 있으면 사람들이 때가 잘 타지 않는 색깔 옷을 입고 마음껏 움직일 수 있을 게 아니오!"

유일한은 직원들과 의논해서 미국에서 옷감을 물들이는 염색약을 들여왔어. 유한양행은 1928년 3월 5일자 신문에 첫 광고를 실었는데 그게 바로 염색약 광고였어. 미국에서 염료가 들어왔다는 것과 염료를 사기 전에 먼저 시험봉으로 색깔을 시험해 볼 수 있다는 것, 그리고 염료의 색깔이 아름답고 염색한 다음 색이 잘 빠지지 않는다는 내용으로 버드나무 상표와 함께 실었지.

그해 7월 9일에는 조선 사람들에게 필요한 약품의 광고를 신문에 실었어. 버드나무 상표를 가운데에 넣고, 유행성 학질약인 '금계랍'과 기생충을 없애는 약인 '장충산',

유한양행이라는 회사 이름, 그리고 미국 의학박사 유호미리와 총독부 약제사 나찬수의 이름을 넣은 광고였지. 당시 다른 약품 광고들은 '신비의 영약'이라든가 '만병통치약' 같은 말로 약의 성능을 부풀리고 과장했는데, 유한양행은 오히려 약과 병에 대한 바른 정보를 알려 주고 전문가의 이름을 넣음으로써 사람들에게 신뢰감을 주었단다.

유한양행은 빠르게 성장해서 문을 연 지 3년 만에 YMCA 회관으로 자리를 옮겼어. 처음 쓰던 곳보다 훨씬 넓은 건물이었지. 유한양행이 커질수록 일본 제약업자들과 판매업자들은 유한양행을 눈엣가시로 여겼지. 이들은 조선총독부가 특별히 감싸 주고 뒤를 봐주고 있었거든. 그들은 유한양행과 유일한이 잘되는 것이 배가 아프고 눈꼴시었어.

"우리 유한양행이 많이 커졌다고는 하지만 일본인 약업자들과 경쟁해서 살아남으려면 더 많은 거래선을 확보해야 합니다. 일본인이 운영하는 병원이나 약국, 도립 병원들은 힘들겠지만 우리 조선 사람이 운영하는 약국과 병원, 또 선교사들이 운영하는 병원은 거래를 터서 우리 약을 납품할 수 있을 거요. 우리 모두 더 힘을 내어 유한양행을 민족의 기업으로 일으켜 세웁시다."

유일한은 직원과 함께 전국을 샅샅이 누비고 다니며 거래처를 늘렸어. 그래서 서울의 세브란스, 평양의 기을병원, 전주의 예수병원, 순천의 미동병원 같은 곳들에 약품을 댈 수 있었어. 일본인들이 방해하고 질투했지만 그런 속에서도 회사는 더욱 발전했지.

기쁘고 슬픈 일들

1929년의 가을날이었어. 유일한은, 막 아기를 낳고 병원 침대에 누워 있는 아내를 보며 기쁜 빛을 감추지 못했지.

"여보, 정말 수고했소. 아기가 당신을 닮아 예쁘고 총명해 보이는구려."

아내의 품에는 갓 태어난 아기가 새근새근 잠들어 있었지. 유일한은 커다란 손을 뻗어 아기의 뺨에 조심스레 대어 보았어.

"아이 참, 아기가 깨면 어떡하려고요."

아내가 살짝 눈을 흘기자 유일한은 민망한 듯 손을 거두더니, 다시 아내의 손을 꼭 잡았어.

"여보, 고맙소."

유일한은 바쁘게 사업을 꾸리느라 아내를 제대로 챙기지 못했는데 아내가 예쁜 첫 딸을 낳자 미안한 마음에 더불어 고마운 마음이 더욱 커졌지.

부부는 아기의 이름을 '재라'라고 지었어. 재라가 재롱을 부리며 무럭무럭 자라는 모습은 유일한에게 둘도 없는 기쁨이었어. 하지만 유일한은 아버지로서 재라가 자라는 것을 느긋하게 지켜볼 수가 없었지. 유일한은 사업가로서 유한양행을 크고 튼튼하게 만들기 위해 뛰어다녀야 했거든. 유일한은 유한양행을 잘 키워서 동포들에게 일자리를 많이 만들어 주고 싶었어. 그러다 보니 가정에서 좋은 남편, 좋은 아버지로서 시간을 낼 틈이 별로 없었지.

호미리 부인은 말도 잘 안 통하고 문화적으로도 낯선 곳에서 병원 일을 해 가며 첫째 딸 재라를 낳았고, 몇 년 후

에는 둘째인 아들 일선을 낳았단다.

유한양행은 계속해서 커졌단다. 미국의 여러 회사로부터 다양한 약품과 물품들을 들여와 우리 나라에서 팔기도 하고, 외국 보험 회사와 선박 회사의 대리점 일도 같이 하게 되었어.

"우리 회사가 의약품을 미국에서 수입하다 보니까 직원

들도 영어를 알아야지 일을 제대로 처리할 수 있겠어. 또 우리 회사에서 판매하는 의약품에 대해 전문가들 못지않게 알고 있어야 하고. 회사가 잘 되려면 직원들도 배우고 공부해야 해."

유한양행이 커 나감에 따라 유일한은 직원들에게 공부할 기회를 주어야 한다는 것을 뼈저리게 느꼈어. 유일한은 회사가 그 사회에 필요한 인재를 키워 내는 데도 한 역할을 해야 한다고 믿는 기업가였으니까. 그래서 한 달에 두 번씩 대학 교수를 회사로 모셔 와 직원들을 위해 영어와 의약품에 대해 강의를 열었지.

유일한 자신도 직원들에게 직접 유한양행의 기업 이념과 사업 방향에 대해서 자주 교육을 하였지. 그리고 조회 때면 직원들과 함께 이렇게 다짐했단다.

첫째, 항상 국민 보건을 위해 일해야 한다.

둘째, 우리 민족이 일본 민족보다 못하지 않다. 민족의 긍지를 가지고 일해야 한다.

셋째, 유한은 결코 개인을 위해서 있는 것이 아니다. 사회를 위해서 있는 것이며 이 길을 통하여 경제 수준을 높여야 한다.

덕분에 유한양행 직원들은 회사의 기업 이념을 잘 이해하고 있었지. 회사에 대해 늘 자랑스러워 했고 애정도 남달랐어. 그러다 보니 회사 일도 훨씬 잘 처리할 수 있었지. 그래서 유한양행은 직원 교육을 중요하게 생각하고, 그것은 지금까지도 회사의 전통으로 이어지고 있단다.

"이제 유한양행은 기반이 닦인 셈이나, 외국의 약과 물건을 수입해다 파는 것으로는 충분하지가 않아. 우리 물건도 외국에 내다 팔아야지. 어떤 물건을 외국에 팔 수 있을까?"

유일한이 생각하기에 우리 나라에서 만드는 공예품들은 세계 어디에 내놓아도 손색이 없을 것 같았어. 그래서 돗자리와 화문석, 도자기와 함께 대나무로 짠 죽세품과 연어, 어간유(명태, 대구, 상어 같은 물고기의 간에서 뽑아 낸 기름)를 수출하기로 하였지.

"임자들, 질 좋은 제품들을 많이만 모아 오시오. 내가 모두 외국에 팔 자신이 있으니까."

유일한은 우리의 토산품들을 수출하게 되어 기운이 펄펄 솟았지.

1932년이 되자 유한양행은 신문로에 회사 건물을 새로 지어 이사를 하였어. 또 1933년에는 미국 아보트 회사와 합작하여 만주 다롄에 수출할 제품을 보관할 창고를 따로 지었어. 그만큼 회사가 커진 거란다. 이제 유한양행은 한국에서만 만족하지 않고 중국의 어마어마하게 큰 시장을 목표로 만주로 진출한 큰 기업이 된 것이지.

이런 여러 가지 일들 가운데 유일한이 가장 자랑스럽게 생각한 것은 유한양행에서 직접 약을 만든 일이야. 유일한은 약을 우리 나라에서 직접 만들어서 팔아야겠다고 일찍부터 마음먹었어. 하지만 좋은 품질의 약을 개발하는 것이 처음부터 쉬운 일은 아니었단다. 몇 번이고 실패를 거듭해야 했지.

"사장님, 제품이 완성되었습니다!"

직원들이 새로 개발한 약을 들고 사장실로 들어오자 유일한은 자리에서 벌떡 일어났어.

"어디 한번 봅시다."

유일한은 약 뚜껑을 열고 흠흠 냄새를 맡아 보고, 또 손가락으로 약을 찍어 손등에도 발라 보며 한참을 살폈어. 그러고 나서야 유일한은 마침내 고개를 끄덕였어.

"됐어, 수고했네! 이제 이 안티푸라민이 우리 가정 집집마다 상비약이 되는 일만 남았구려."

유일한은 유한양행의 이름으로 약을 내놓게 되어 더없이 흐뭇했단다. 동포들이 건강했으면 하는 마음에 꼭 필요한 약을 팔고는 있었지만, 모두 외국에서 들여와 파는 것이라 언제나 마음 한구석이 무거웠거든. 비록 심하지 않은 염증을 없애고 아픈 것을 가라앉게 하는 간단한 연고지만, 이 '안티푸라민'이라는 약을 만들어 내놓고 나서야 유일한은 비로소 기업가로서 보람을 느낄 수 있었어.

안티푸라민은 근육통, 관절통, 신경통에 잘 듣고 또 벌레 물린 데, 피부가 가려운 데, 동상 걸렸을 때도 바를 수 있는 연고야. 과연 안티푸라민이 나오자 사람들은 너도나도 안티푸라민을 찾았단다. 의약품이 워낙 귀하던 시절이라 사람들은 안티푸라민을 집에 두고 상비약으로 애용했지.

1934년, 유일한은 세계 곳곳의 제약 회사를 살펴보고, 또 새로운 계약을 맺기 위해 세계 여행을 떠났어. 먼저 유럽 쪽의 제약 회사들을 살펴보고 있을 때였지.

유일한은 바쁜 일정을 마치고 호텔에 들어서다가 지배인이 전해 주는 한 장의 전보를 받았어.

"아버지가, 아버지가 돌아가시다니……."

유일한은 눈앞이 캄캄해졌단다.

호텔 방으로 돌아온 유일한은 불도 켜지 않은 채 침대에 걸터앉았어.

"하필이면 내가 곁에 없을 때에 아버지가 돌아가시다니……. 나는 아버지가 마지막으로 가시는 길도 지키지 못

했구나."

일한은 어둠 속에서 자신을 원망했어. 어릴 때에 아버지 곁을 떠나 부자의 살가운 정을 마음껏 나누지 못한 일, 지난해 아버지가 가족과 함께 북간도에서 조선으로 돌아오셨을 때 서울에 모시지 못하고 아버지의 고집대로 평양에 사시게 한 일, 또 사업이 바빠 아버지를 자주 찾아뵙지 못한 일 들이 떠올랐지. 유일한의 마음속은 후회로 가득 찼어. 하지만 그렇다고 당장 아버지께 마지막 인사를 올리러 돌아갈 수도 없었지.

유일한은 침대 아래에 무릎을 꿇은 채, 아버지가 한평생 의지하던 신께 아버지의 영혼을 편안히 거두어 달라고 온 마음을 다해 기도하였어. 유일한의 눈가에는 어느덧 눈물이 번졌어.

유럽을 떠나 미국에서 할 일을 마친 후, 유일한은 어린 시절 자신을 돌보아 준 커니의 아주머니들을 찾아갔어.

"오, 리틀 류, 정말 반가워요."

"아니, 언니! 이제 리틀 류가 아니에요. 미스터 류라고 해야지!"

"참, 그렇구나."

유일한은 이제는 할머니가 된 두 아주머니들과 반갑게 끌어안고 인사를 나누었단다.

"그동안 잘 지내셨죠? 무척 뵙고 싶었어요."

"그럼, 우리는 잘 지냈지. 미스터 류가 한국으로 돌아가 훌륭한 사업가가 되었다는 말을 듣고 얼마나 기뻤는지 몰라."

"어릴 적부터 미스터 류는 부지런하고 책임감이 강했잖아. 그래서 나중에 큰 사람이 될 거라고 생각했지."

"맞아, 동생! 우리가 시키지 않아도 리틀 류는 스스로 할 일을 찾아서 해 놓곤 했잖아."

유일한과 아주머니들은 옛날이야기를 나누며 웃음꽃을 피웠어.

"두 분이 도와주시지 않았다면 오늘 제가 이만큼 해내지 못했을 것입니다. 커니에서 제가 배운 것들이 제 인생의 큰 자산이 되었습니다. 두 분께 진심으로 고맙습니다. 부디 건강하게 지내세요."

유일한은 자매들과 헤어지는 자리에서 500달러라는 큰돈을 내놓았어. 또 두 사람 앞으로 보험을 들어 자식 없이 늙어가는 두 분이 편안하게 지낼 수 있도록 마음을 썼지.

기업은 개인의 것이 아닙니다

"기업은 개인의 것이 아니라 사회와 종업원의 것입니다. 정성껏 좋은 상품을 만들어 국가와 동포에게 득이 되고, 정직하고 성실하고 양심적인 인재를 길러서 사회에 이바지하여야 합니다. 기업에 이익이 생기면 기업을 키워 일자리를 만들고, 정직하게 세금을 내야 하며, 그러고도 남은 것이 있으면 기업을 키워 준 사회에 돌려주어야 합니다."

유일한은 기회가 있을 때마다 기업에 대한 자신의 생각

을 사람들에게 말했어.

1936년은 유한양행을 세운 지 10년째 되는 해였어. 그사이 회사는 직원이 77명이나 되는 제법 큰 기업이 되어 있었지. 이때 유일한은 자신의 생각을 실천에 옮겼어. 바로 유한양행을 '주식회사'로 바꾼 거야. 주식회사는 그 회사의 주식을 가진 사람이 주인이 되는 회사지. 주식을 가진 사람을 '주주'라고 하는데, 주주들이 총회를 통해 회사의 중요한 결정을 내리고, 회사가 벌어들이는 이익을 나누어 가지게 돼.

유일한은 회사를 세우고 얼마 안 되었을 때부터 자신과 함께 고생한 임직원들에게 주식의 일부를 나누어 주었어. 그래서 유한양행은 유일한 개인의 회사에서 주식을 가진 유일한과 직원들의 법인 회사로 바뀐 거지. 주식회사가 거의 없던 때에, 유한양행을 주식회사로 바꾼 것은 신선한 충격이었단다.

또한, 본격적으로 약품을 생산하기 위해서 경기도 소사에 공장을 세웠어. 공사는 1936년에 시작해서 3년 동안 계

속되었는데, 벽돌로 지은 본관 2층 건물에다가 나무 건물 세 동을 지었어. 소사 공장에는 특별히 직원들이 묵을 사택과 기숙사, 집회소(회관)를 지었으며, 넓은 운동장과 화원, 양어장, 수영장 같은, 당시로서는 상상도 할 수 없을 만큼 훌륭한 시설을 갖추어 놓았어.

"사장님, 공원인지 공장인지 모르겠습니다. 직원들이 유한양행에 한번 들어오면 죽을 때까지 유한양행에서 일하겠다고 하겠습니다."

소사 공장을 둘러보면서 임원 한 사람이 우스갯소리를 하였어.

"허허, 그런가? 훌륭한 사원들이야말로 기업의 최대 자본이지. 최대 자본을 잘 대우하는 것이 당연한 일 아닌가."

유일한도 직원들을 위한 시설을 둘러보며 흐뭇한 미소를 감추지 못했지. 유일한은 소사 공장의 책임자로 상하이에 머물고 있던 세계적인 화학자 바레트 박사를 모셔 왔어. 바레트 박사의 지휘 아래 소사 공장은 당시로서는 최고의 약품 생산 시설을 갖추고 새로운 약들을 만들어 냈지. 소사 공장이 세워지자 유한양행은 더욱 눈부시게 발전해 해마다 건물을 새로 늘려 짓지 않으면 안될 정도였단다.

1937년에 일본은 중일전쟁을 일으켰는데, 전쟁을 하기 위해 무기를 만드는 산업에만 온 힘을 쏟았지. 그러느라고 다른 산업은 통제하고 간섭하기 시작했단다. 우리 나라의 자원과 돈이 다른 곳에 쏠리지 못하게 하려고 그런 거야.

이 무렵 세계는 점차 전쟁의 소용돌이에 빠져들고 있었어. 일본이 중국을 침략한 데 이어 태평양으로 세력을 뻗치고 있었고, 미국은 이를 견제하느라 두 나라의 관계는 점점 나빠졌어. 이때부터 일본 당국은 유한양행을 감시하고 통제하기 시작했단다. 일본은 유한양행을 미국 기업과 다름없다고 보았어. 사장인 유일한이 미국에서 공부를 한 사람인 데다 미국에서 약품과 원료를 많이 수입했기 때문이야. 그래서 유한양행이 관련된 일이라면 시시콜콜 방해하기 시작하였지.

1938년, 유일한은 로스앤젤레스에 유한양행 출장소를 차리기 위해 미국으로 갔어. 미국에서 우리 토산품을 주문하는 물량이 꾸준히 늘어나고 있었거든. 그런데 미국과 일본의 관계가 좋지 않게 돌아가자, 유일한은 미국에서 볼일을 마치고도 일부러 귀국을 늦추었어. 로스앤젤레스에 머물면서 경성에 있는 본사와 연락해 회사 일을 처리하였지.

"미국 사람들이 한국 토산품을 무척 좋아하고 사고 싶어 합니다. 토산품을 모아서 수출하는 것만으로는 모자라니, 이참에 우리가 직접 생산 공장을 만드는 것이 좋겠소. 그러면 좋은 품질의 토산품을 더 많이 수출할 수 있을 거요."

유일한의 지시를 받은 임원들은 화문석, 슬리퍼, 죽세품들을 만드는 공장을 오류동에, 나전칠기를 만드는 공장을 신문로에 지었지.

하지만 시간이 갈수록 상황은 더욱 나빠져서, 미국과 일본은 금세라도 전쟁을 일으킬 것 같았어.

"내가 지금 조선에 돌아가면 나 때문에 회사가 얻는 것보다 잃는 것이 많겠군. 나는 이곳 미국에서 회사를 위해 할 일을 찾고, 회사는 임원들에게 맡기는 것이 좋겠어. 내가 없으면 일본이 유한양행을 덜 괴롭힐 테지."

유일한은 회사에 전화를 걸어 임원들에게 자신의 생각을 전했어. 또한 아내에게도 연락하여 가족들을 데리고 로스앤젤레스로 오게 하였지.

떨어져 있던 아버지를 오랜만에 다시 보자, 딸 재라와 아들 일선이 다투듯이 유일한의 품에 안겼어. 아내도 미소를 지으며 곁으로 다가왔지.

"여보, 아이들 데리고 긴 여행하느라 몹시 피곤할 거요. 이제 우리 집으로 가서 푹 쉬도록 해요."

유일한은 가족들을 새로 마련한 집으로 데려갔어. 그리고 모처럼 만에 가족과 함께 지내며 단란한 시간을 보내었지. 그동안 회사 일로 바빠서 가족들과 지내는 시간이 많지 않았는데, 어쩔 수 없이 미국에 머물면서야 비로소 유일한은 못 다한 아버지 노릇, 남편 노릇을 할 수 있었어.

한편 유일한은 미국에서 머무는 시간을 허투루 쓰지 않으려고 다시 공부를 시작했단다. 캘리포니아 대학에서 경영학을 공부하여, 1941년에는 석사 학위를 받은 거야.

유일한은 그 뒤로도 몇 년 동안이나 미국에 머물러야 했단다. 1941년 12월 8일, 마침내 일본이 미국 하와이의 진주만을 공격해서 태평양전쟁이 일어나고 말았으니까. 전쟁이 일어나자 일본 형사들이 유한양행으로 들이닥쳐 회사

임원들을 잡아갔어. 유한양행을 적국인 미국 기업으로 몰아서 회사 문을 닫게 하고, 재산을 다 빼앗으려는 속셈이었지.

하지만 아무리 임원들을 다그쳐도 원하는 말이 나오지 않

자, 이번에는 세무 직원들을 보내 유한양행에 대한 치밀한 세무 조사를 했어. 그러나 유한양행은 평소 유일한의 뜻대로 성실하게 세금을 내고 있던 터라 일본은 유한양행에서 어떤 꼬투리도 찾아내지 못한 채 그냥 물러나야 했단다.

유한양행의 임원들은 일본의 탄압을 피하기 위해 미국에 있는 유일한 대신 동생 유명한을 사장으로 앉혔어. 그리고 경성에 있던 본사를 일본의 감시가 덜한 소사 공장으로 옮겼단다. 유한양행으로서는 참으로 힘든 시기였지.

하지만 직원들이 회사를 끝까지 믿었고 회사를 사랑하는 마음도 컸기 때문에 어려움을 견뎌 낼 수 있었어. 직원들 모두가 회사의 주주이자, 회사의 주인이었기에 가능한 일이었지.

유일한 역시 비록 몸은 미국에 있었지만 유한양행 본사와 계속 열심히 연락을 하며 회사의 크고 작은 일들을 꾸려 갔어. 중국과 만주에 출장소를 짓고, 강원도 철원에 약초 재배 농장을 만든 것도 이때였어.

OSS 비밀 요원

태평양전쟁이 일어나 한국에 돌아갈 수 없게 되자, 유일한은 항일운동에 힘을 쏟았어. OSS의 고문이 된 건 그런 일 가운데 하나야. OSS는 미국의 정보 기관으로 나중에 CIA(미국중앙정보국)로 바뀌어. OSS는 일본에 대항하기 위해서 한국과 중국의 정보를 수집해 분석하였는데, 한국과 중국 사정에 밝은 사람을 고문으로 뽑았어. 여기에 유일한이 한국 담당 고문을 맡았고, 펄벅 여사가 중국 담당 고문을 맡았어. 어릴 때 중국에서 자란 펄벅 여사는, 중국을 배경으로 한 소설 《대지》를 써서 노벨문학상을 받은 유명한 작가야. 유일한과 펄벅 여사는 OSS 고문으로 함께 활동하면서 서로 친해졌고, 유일한의 인품을 높이 산 펄벅 여사는 나중에 유일한을 모델로 소설을 쓰기도 했단다. 한국을 배경으로 한 소설 《살아 있는 갈대》에 나오는 주인공 이름이 김일한이야.

유일한은 OSS 고문으로 있으면서 중국에 있는 대한민국 임시정부의 계획을 알게 되었어. 그건 바로 광복군 제2지대에게 OSS의 훈련을 받게 하여 이들을 한국에 몰래 들여보낸다는 것이었어. 이렇게 몰래 들어간 광복군이 일본군을 몰아내게 하겠다는 계획이었지. 유일한은 미국에 있는 항일 운동가들도 하루 빨리 군대를 만들어 임시정부의 작전대로 우리 나라를 해방시켜야 한다고 생각했어.

그래서 뜻을 같이 하는 사람들과 함께 '한인 국방 경위대'를 만들고 부대의 이름을 '맹호군'으로 지었어. 맹호군은 1942년 8월 29일에 로스앤젤레스 시청에서 미군과 함께 태극기를 높이 올려 한인들의 사기를 높였어.

A는 50세, 몸무게는 155파운드, 키는 5피트 7인치이며, 처와 두 자녀는 콜로라도 주에 살고 있다. 부모는 돌아가시고, 저명한 친척들이 한국에 많이 살고 있다. 그는 소년 시절에 미국에 와서 소학교와 중학교를 네브래스카 주에서 마치고, 1924년 미시간 대학을 졸업했다. 1927년부터 한국에서 사업을 시작하고 사업을 위하여 전쟁이 일어나기 전까지 여러 차례 한국과 미국을 오갔다.

이것은 OSS의 비밀 문서에 나와 있는 기록인데, A가 바로 유일한이야. 유일한은 1945년 OSS에서 계획한 냅코 작전에 비밀 요원으로 참여하여 훈련을 받았어. 냅코 작전이란, 미국이 직접 우리 나라에 비밀 요원을 보내 일본을 물러나게 하려는 계획이었어. 특수 비밀 요원이 되기 위해 받은 훈련은 아주 힘들고 거칠었어. 유일한은 나이가 쉰 살이나 되었으니 젊은이도 감당하기 힘든 훈련을 받는 것

이 더더욱 어려웠지. 하지만 자신의 손으로 일본군을 몰아내고 조국을 해방할 수 있다는 기대로 온갖 어려움을 이겨 낼 수 있었어.

유일한은 어린 시절 한인 소년병 학교에서 훈련 받던 일이 생각났단다. 힘든 훈련이 끝난 뒤 잔디밭에 드러누워 가쁜 숨을 고르곤 했지. 그때 바라본 파란 하늘에는 흰 구름이 아주 천천히 지나가곤 했는데, 그 구름을 바라보며 소년 유일한은 자신과 조국의 미래가 어떻게 변할지 꿈꿔 보곤 하였지.

그사이 서른 몇 해의 시간이 흘렀어. 어느덧 쉰 살의 유일한이 그때와 마찬가지로 조국의 광복을 위해 땀 흘려 훈련을 받다가 다시 파란 하늘을 바라보게 된 거야. 유일한은 손바닥으로 이마에 맺힌 땀을 씻어 내며 가슴이 벅차오르는 것을 느꼈지.

"얼마나 오랫동안 기다려 온 일인가! 이제 일본을 몰아낼 날도 멀지 않았어. 우리 손으로 일본을 몰아내고 조국을 새로 건설하는 거야. 그동안 나라 없는 백성으로 살아

온 설움을 모두 씻어 줄 자랑스러운 나라를 만드는 거야."

유일한은 특수 훈련을 받으며 한국에서 작전을 펼칠 날을 손꼽아 기다렸단다. 그런데 침투 작전이 자꾸만 연기되더니, 미국이 일본의 히로시마와 나가사키에 원자폭탄을 터뜨려 버렸어. 1945년 8월 15일, 마침내 일본이 미국에 무조건 항복을 하고 말았어. 그 바람에 비밀 공작원으로 한국에 돌아가 일본군을 몰아내겠다는 유일한의 계획은 물거품이 되어 버렸지. 광복을 맞은 것은 말할 수 없을 만큼 기쁜 일이었지만 우리 땅에서 우리의 힘으로 일본을 몰아내지 못한 것은 안타까운 일이야. 그 때문에 우리 나라는 광복과 함께 남과 북으로 나뉘었으니 말이야.

기업가의 길

유일한은 광복 이듬해인 1946년에 한국으로 돌아왔단다. 유일한이 돌아오자 유한양행 직원들은 몹시 기뻐하며 기대에 부풀었지.

"지난 몇 년 동안 일본이 우리 회사를 얼마나 괴롭혔나! 이제 일본은 망했고, 유일한 사장님이 오셨으니 우리 유한양행은 살아난 거야."

"물론이지, 유일한 사장님이 어떤 분이셔? 미국에서 공부를 해서 영어도 잘하시고, 또 미군정청 간부들과도 잘 아는 사이잖아. 그러니까 앞으로 우리 회사에 유리한 일이 많이 생길 거야."

그때 우리 나라는 북위 38도선을 경계로 남한과 북한으로 나뉘어졌는데, 남한은 미국이 통치하였어. 그래서 남한에서는 영어를 좀 한다는 사람, 미국과 관계가 있는 사람은 어떻게든 남한을 통치하는 미군정청과 줄을 대어 한자리 맡아 보려고 애쓰고 있었지. 일제 하에서 목숨을 걸고 독립운동을 한 사람들이 많이 있었지만, 이승만은 미국에서 활동했고 또 영어를 잘한 까닭에 미군정청을 등에 업고 점차 큰 권력을 잡아 가고 있었던 거야.

유일한은 미국에서 필라델피아 자유선언을 준비할 때 이승만과 함께한 적이 있었지. 그래서 이승만은 유일한이 귀국하자 유일한을 불러, 자기와 함께 나라 세우는 일을 하자고 했어.

"저는 일찍이 나라를 위하는 일 가운데 기업가의 길을 선택하였습니다. 기업을 일으켜 동포들에게 일자리를 주고, 좋은 상품을 만들어 동포들에게 봉사하고 또 정직하게 세금을 내어 나라의 살림을 넉넉하게 하는 것, 그것이 제가 할 일이라고 생각합니다."

유일한은 이렇게 이승만의 제의를 뿌리쳤어. 사실 유일한은 이승만을 좋아하지 않았어. 미국에서 함께 일할 때 이승만의 독선적인 성격을 보았고, 그가 비민주적인 방법으로 일을 처리하는 것을 보았기 때문이야. 또 이승만이 유일한의 스승인 박용만을 나쁜 사람으로 몰아세우고, 독립운동을 한다며 모은 돈을 개인적인 일에 썼다는 것도 알고 있었거든.

유일한은 정치와는 거리를 두고 다시 유한양행의 사장으로서 회사를 살리는 일에 힘을 쏟았어. 유한양행은 해방이 되면서 중국과 만주, 북한에 있는 회사의 자산을 모두 잃었는데, 그것이 회사 자산의 80퍼센트나 되었으니 엄청난 손해를 입은 셈이지.

그때에 대한상공회의소가 만들어졌어. 한국 경제계를 대

표하는 상공회의소 회장 자리를 두고 기업체 대표들은 유일한에게 맡아 달라고 부탁하였지. 유일한은 여러 차례 거절을 하다가 다시 생각해 보니, 나라의 경제를 일으키는 데에 힘을 보태는 것이 기업가로서 자신이 해야 할 일이라는 생각이 들었어. 그래서 회장 자리를 맡기로 하였지.

"내가 전체 기업을 대표하는 상공회의소 회장 직을 맡으면서 동시에 유한양행 사장으로 있는 것은 바람직하지 않소. 그러니 나는 유한양행 사장 자리에서 물러나고 구영숙 씨에게 사장 직을 맡기려 하오."

구영숙은 유일한이 미국에 있을 때 한인 소년병 학교에서 함께 훈련을 받은 친구야. 사람들은 유일한이 동생 유명한에게 사장 직을 맡길 거라고 생각했는데, 자신과 피를 나누지도 않은 친구 구영숙에게 사장 직을 물려 주자 뜻밖이라며 모두 놀라워했어.

이렇게 유일한은 유한양행의 사장 직을 그만두면서까지 대한상공회의소 회장 직을 맡았지만 곧 그만두고 만단다. 남과 북으로 나뉜 나라에서 동포들이 좌우의 이념으로 갈려 서로 싸우는 죽이고 일을 되풀이하고 있었지. 또 일본이 지배할 때 조국을 버리고 일본에 빌붙던 세력들은 금세 애국자인 양 변신해 미국의 끄나풀이 되어 세력을 잡고 설쳤어. 유일한은 깊은 실망감과 배신감을 맛보고 다시 가족들이 있는 미국으로 갔어.

1948년에 남한에서 대한민국 정부가 세워지고, 이승만이 초대 대통령이 되었어. 이승만은 다시 유일한에게 초대 상공부 장관을 맡아 달라고 했는데 유일한은 이번에도 거절하였어. 이 일로 유일한은 이승만의 미움을 받았고 한동안 한국으로 들어올 수도 없었지. 입국이 허락되지 않았거든. 대신 그 기간 동안 유일한은 미국의 스탠퍼드 대학에서 국제법을 공부하여 박사 학위를 받았단다.

다시 황폐한 조국에서

1950년 6월 25일에 한국전쟁이 터졌어. 같은 민족끼리 서로 총을 겨누고 싸우는 비극적인 전쟁이 일어나자 유일한의 마음은 탈 대로 탔단다. 하지만 가족들의 마음이 유일한과 똑같지는 않았지. 유일한은 그 점이 안타까웠지만 가족들의 마음도 인정할 수밖에 없었어. 유일한의 가족들은 한국인이기보다 오히려 미국인이었으니까.

전쟁이 막바지에 이른 1953년 1월에 유일한은 가족들을 미국에 두고 혼자 한국으로 돌아왔어. 유일한의 나이는 어느덧 쉰아홉으로, 인생의 노년을 앞두고 있었지. 유일한은 앞으로는 교육 사업에 힘을 쏟기로 마음먹었지. 진작부터 하고 싶었으나 돈이 부족해서 선뜻 시작하지 못하던 일이었어.

"전쟁으로 폐허가 된 이 나라를 일으키려면 먼저 인재를 기르는 교육 사업이 필요해. 기술을 가진 훌륭한 인재를 길러 내어 황폐한 이 나라를 다시 세우는 거야."

유일한은 한국에 돌아와 유한양행이 다시 일어설 수 있게 힘쓰는 한편 개인 재산을 털어 소사 공장 안에 '고려공과기술학원'을 세웠어. 전쟁으로 부모를 잃고 오갈 데 없는 학생들을 뽑아 무료로 기숙사에서 살게 하면서 기술을 가르쳤지. 그런데 고려공과기술학원은 경영에 어려움이 있어 1957년 2회 졸업생을 내고는 문을 닫게 되었어.

그래서 유일한은 회사가 있는 대방동에 다시 '한국직업학교'를 세웠지. 한국직업학교 역시 학비 없이 무료로 먹고 자며 기술을 배우는 곳이었어. 그런데 정규 고등학교가 아니라서 학교를 졸업하고도 바로 대학에 갈 수 없다 보니 우수한 학생들이 많이 들어오지 않았어. 또 갈 곳이 없는 학생들은 졸업을 하고서도 그대로 기숙사에 남아 있고 싶어 했지.

"어허, 내가 어려운 학생들이 독립할 수 있도록 무료로 교육을 시키고 기숙사에서 생활하도록 했는데, 그것이 오히려 기대는 마음만 키워 주는 셈이 되었군. 이제부터는 기숙사를 없애고 장학금을 더 늘리는 게 좋겠어."

유일한은 훌륭한 기술 인재를 길러 사회에 내보내고 싶었지만 수 년째 별다른 성과 없이 시간만 가자 애가 탔어. 고민하던 끝에 유일한은 세브란스 의학 전문학교 교수를 지낸 김명선 박사를 찾아갔어.

"여보게, 나를 좀 도와주게. 자네는 교육 전문가니까 우리 학교를 맡아 훌륭한 교육 기관으로 만들어 주게."

유일한은 자신의 주식과 땅, 건축비 등을 내놓고 '학교법인 유한재단'을 만들었어. 그리고 김명선 박사에게 재단 이사장을 맡기고 학교를 세워 달라고 했어.

"학교의 이름은 한국공업고등학교가 좋겠어. 한국에서 우수한 학생이라면 누구나 들어와서 무료로 공부하는 곳이니까."

그래서 김명선 이사장과 교장을 맡은 손종률이 서울시 교육위원회에 학교를 세우겠다고 신청했단다. 그런데 교육위원회에서는 유한양행의 유일한 회장이 좋은 뜻으로 세우는 학교니까 '유한공업고등학교'로 하는 것이 더 좋겠다고 했어. 그래서 1965년에 마침내 유한공업고등학교가 문을 열었지. 유한공업고등학교는 기계, 전기, 판금 용접, 목공 건축, 이렇게 네 개 과가 있었어. 학생 모두에게 장학금을 주었기 때문에 우수한 인재들이 속속 모여들었지.

'참된 인간, 기술 연마, 사회 봉사.'

이것이 유한공고의 교훈이야. 이것은 유일한이 평생을 두고 추구했던 삶의 지표이기도 했지.

유일한은 다른 어떤 직함보다도 '교육가'라는 직함을 가장 자랑스러워 했단다.

"손종률 교장, 내 명함 좀 보게."

한번은 유일한이 유한공고의 교장실에 들러 자신의 명함을 꺼내 보였어. 거기에는 '교육가 유일한'이라고 씌어 있었지.

"손 교장, 나는 외국에 나갈 때, '유한양행 대표'라고 쓰인 명함보다 이 명함을 더 자주 쓴다오. 나는 교육가로서의 유일한이 더 자랑스럽고 보람 있어."

그래서인지 유일한은 유한공고 말고도 연세대학교와 이화여자대학교, 보건장학회 같은 많은 교육 단체에 도움을 주었고, 외국에 유학 가서 공부하고 싶어 하는 가난한 젊은이들에게도 도움을 아끼지 않았지.

이처럼 유일한은 자신의 도움이 필요한 곳에는 아낌없이 돈을 내었지만 정작 자기 자신에게는 함부로 돈을 쓰지 않았어. 유일한은 집안일을 돌봐 주는 아주머니에게 반찬을 다섯 가지 이상 내놓지 못하게 했고 이를 어겼을 때는 나무라곤 하였어.

한번은 무더운 여름날 유한공고의 손종률 교장이 유일한

의 자동차에 함께 탔는데, 유일한을 생각해서 차에 에어컨을 다는 것이 어떻겠냐고 권하였다가 무안을 당하기도 했단다.

"여보게, 우리 나라가 얼마나 잘산다고 에어컨, 에어컨 하는가! 차가 달릴 때 이렇게 창문만 열어 놓으면 시원한 바람이 들어오는데 쓸데없이 에어컨을 달면 기름 낭비야."

유일한은 아끼고 절약하는 습관이 몸에 배어 아무리 작은 물건이라도 한번 사면 쉽게 바꾸거나 버리지 않고 못 쓰게 될 때까지 쓰곤 하였지. 유일한에게는 미국에서 산 만년필이 있었는데 19년 동안이나 쓰다가 고장이 나자 만년필을 만든 회사로 수리를 보내었어.

그러자 만년필 회사에서는 19년 동안 자기 회사 만년필을 써 준 것에 감사한다는 뜻으로 새 만년필을 보내 주었단다. 뜻밖의 선물을 얻게 된 유일한은 아주 기뻐하였지.

 돈은 바르게 벌고, 세금은 철저히 내고

"회장님, 아무래도 세금이 너무 많은 것 같습니다. 다른 회사들은 모두 세금을 줄이고 줄여서 어떻게든 조금씩 내고 있는데 우리 유한양행만 곧이곧대로 정확하게 냅니다."

한번은 세금을 보고하러 들어온 직원이 유일한에게 세금 장부를 보여 주며 불평하였어.

"이 사람, 큰일 낼 사람이구먼! 국민이 세금을 안 내면 국가가 어떻게 운영되겠는가? 우리가 내는 세금으로 길도 닦고 소방차도 사야 하는데, 세금은 제대로 내지 않으면서 불이 났다고 불을 꺼 달라고 하면 어떻게 하나?"

유일한의 불호령에 직원은 움찔하며 머리를 숙였지.

"죄송합니다. 제 생각이 짧았습니다."

직원은 한동안 유일한의 꾸중을 듣고 나서야 회장실을 나올 수 있었단다.

"우리 회장님은 정말 대단한 분이셔. 하기는 그렇게 철저하게 세금을 꼬박꼬박 내었으니 일제도 유한양행을 어쩌지 못했고, 이승만 대통령도 유한양행을 건드릴 수 없었던 게지!"

사실 유한양행은 정확하게 세금을 내었기 때문에 자유당 시절의 혹독한 세무 조사에서도 걸릴 일이 없었단다. 그래서 이승만 정권이 요구하는 옳지 않은 일에 함께하지 않을 수 있었던 거야. 많은 기업들이 세금을 줄여서 적게 내고, 썩고 부패한 정치 권력은 그것을 약점으로 잡아 막대한 돈을 달라고 하지. 떳떳하지 못한 기업은 그들이 달라는 대로 돈을 줄 수 밖에 없고, 그러면 정권은 그 보답으로 그 기업의 뒤를 봐주고……. 기업과 정권이 이렇게 부정부패의 고리로 연결되면 경제 질서는 흐려지고 결국 국민들이 살기 힘들어지는 거란다.

유일한은 언제나 정직하고 깨끗하게 기업을 경영했기 때문에 이승만 정권이 노골적으로 정치자금을 달라고 해도 당당하게 거절할 수 있었어. 한번은 이승만 정권이 유한양행의 직원들을 치안국으로 끌고 가 두들겨 패고는, 회사의 통장과 도장을 빼앗아 가서 9천6백만 원이라는 큰돈을 은행에서 찾아가 버렸어. 그때 유일한은 일본에 머물고 있었는데, 유한양행의 사장으로 있던 이건웅이 참다못해 유일한을 찾아가 정치자금을 내자고 하소연하였어.

"무슨 소리요? 내가 회사 문을 닫더라도 떳떳하지 않은 돈은 내지 않을 생각이오. 그런데 당신이 내 허락도 없이 저들에게 그 돈을 내 줘? 당신 바로 사표 내시오!"

유일한은 억지로 빼앗긴 그 돈을 이건웅 사장이 정치자금으로 낸 줄 알고 몹시 화를 내었어. 그러다가 자초지종을 제대로 듣고서야 화를 풀고 이건웅 사장을 위로해 주었어.

"미안하오, 이 사장. 고생 많았소. 하지만 좀 더 기다려 봅시다. 자유당 정권은 얼마 가지 못할 거요."

과연 이승만과 자유당은 1960년에 일어난 4.19 혁명을 통해 국민의 심판을 받고 쫓겨났지. 그런데 이듬해 5.16 군사 쿠데타로 들어선 박정희 정권도 정치자금을 요구하기는 마찬가지였어. 유한양행이 정치자금을 내지 않자 꼬투리를 잡으려고 세무서 직원들을 보내 강도 높은 세무 조사를 하기도 했지. 그런데 세무서 직원들이 아무리 조사해도 유한양행의 장부는 정확하고 빈틈이 없거든. 그래서 국세청장은 유한양행이 세금을 조금도 빠뜨리지 않고 잘 내었다는 사실을 박정희 대통령에게 보고하였어.

박정희 대통령은 유한양행을 혼내려다 오히려 크게 감동을 받고는, 1968년 세금의 날에 유일한에게 '동탑산업훈장'을 주었어. 또한 '국세청 선정 모범 납세업체'라고 쓴 동판을 유한양행으로 보내었지.

유일한은 기업가로서 유능한 사람이었지만, 그에게는 그런 능력 말고도 다른 기업가들과 다른 점이 있었어. 유일한

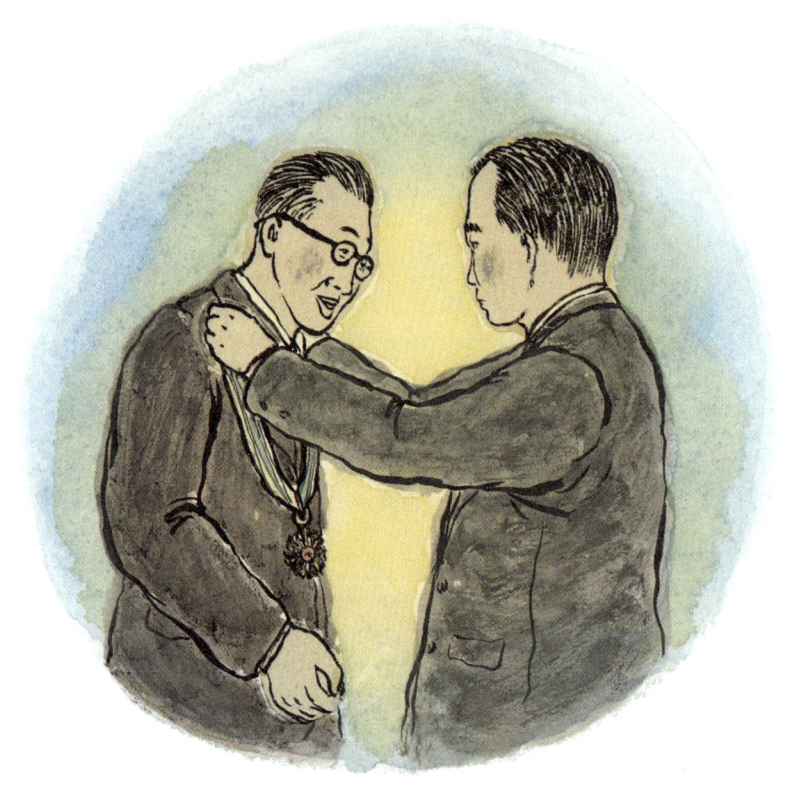

이 사업을 하면서 진정으로 추구한 것은 자기 혼자서 부자가 되는 것이 아니었어. 유일한이 추구한 이익은 나라와 민족에게도 이익이 되는 것이었지. 그래서 다른 제약 회사에서 이익을 더 많이 남기려고 약 성분의 함량을 줄여서 약을 만들 때에도 유일한은 함량을 정확히 지켰어. 심지어 약을 만드는 과정에서 성분의 함량이 떨어질 것까지 계산해 처음부터 약 성분을 조금 더 넣는 방법으로 함량이 정확한 약

을 만들었단다.

　마시면 피로를 풀어 준다는 드링크 제품이 인기를 끌 때, 유한양행에서도 임원 한 사람이 드링크 제품을 만들어 팔자는 의견을 내었어.

　"한강 물에 설탕을 넣어서 팔자는 말이오?"

　유일한은 이렇게 말하며 그 제안을 단번에 거절하였어. 의학적으로 확실한 약효가 보증되는 약품이 아니고는 아무리 이익이 되더라도 절대 만들어 팔지 않는다는 것이 유일한의 생각이었지.

　유일한은 참으로 공과 사의 구분이 엄격한 사람이었어. 자신이 제약 회사를 경영하면서도 아플 때는 사우공제회에 가서 자기 돈으로 직접 약을 사 먹었지. 그러다 보니, 누구든지 공사를 구분하지 않는 것을 용서하지 않았어. 가족이라고 해서 봐주는 법도 없었지.

　유일한의 나이가 일흔에 접어들자 유한양행의 임원들은 미국에서 변호사로 일하고 있는 아들 일선에게 회사 경영을 맡겨 보자고 제안했어.

"그 아이가 오랫동안 미국에서 생활했기 때문에 미국 사람이나 마찬가지라오. 생각하는 것도 미국식이고, 우리 말도 할 줄도 모르는데, 회사를 맡아 잘 경영할 수 있을까?"

유일한은 염려가 되었지만 아들에게도 기회를 주는 것이 좋을 듯하여 아들 일선을 불렀어. 일선은 유한양행 부사장으로 취임하여 의욕적으로 회사 일을 처리하였지. 하지만 여러 부분에서 유일한의 마음에 차지 않았어. 아들 일선은 아버지와 달리 나라와 민족보다는 기업의 이익을 앞에 두었어. 일선은 미국에서 공부한 대로 미국식 합리주의에 따라 회사를 이끌었고, 다른 임원들이 반대하거나 걱정하는 말을 해도 개의치 않았어. 유일한은 아들 일선에게 바른말을 하지 못하는 임원들을 불러 나무라기도 했어.

"그까짓 젊은 놈 하나를 다루지 못해? 당신들 누구 눈치 보는 거야? 이 회사가 누구 것이야? 수많은 주주와 국민이 이 회사의 주인이야."

유일한은 마침내 아들 일선을 회사에서 내보내었어.

이렇듯 유일한은 자신의 가족이라고 봐주기는커녕 혹시라도 특혜를 받지 않도록 더욱 엄격한 잣대를 들이대었지. 이것을 섭섭하게 생각하는 가족들도 있었지만 딸 유재라만큼은 언제나 아버지를 이해하고 존중하였으며 아버지의 뜻을 따르려 애썼어. 유재라는 미국인 군인과 결혼했으나 남편이 일찍 세상을 뜨자, 주한미군 군속(군대에서 일하는 공무원)으로 오랫동안 한국에서 일하며, 유일한의 곁을 지켜 주었지.

1969년 10월 30일 유한양행에서는 44차 주주총회가 열렸어. 이날 유일한은 제11대 사장 직을 사임하고 사장 직과 유한양행의 경영권을 조권순 사장에게 완전히 넘겼어. 이로써 우리 기업의 역사에서 보기 드물게 소유와 경영의 분리가 이루어진 것이야. 기업은 한 개인의 것이 아니라 그 사회 구성원 모두의 것이라는 유일한의 기업관을 그대로 드러낸 사건이었지. 이날 이후로 오늘에 이르기까지 유한양행은 전문경영인이 회사를 맡아 운영하고 있단다.

 빈손

    노년의 유일한에게 유일한 즐거움은 유한공고에 들르는 거였어. 머리가 하얗게 센 유일한이 검은 승용차를 타고 나타나 조용히 학교 이곳저곳을 둘러보는 모습이 학생들 눈에 자주 띄었지. 유일한은 어린 학생들을 만나면 곧 등을 두드리며 격려해 주곤 했어.
    "너희들이 훌륭한 사람이 되어야 나라가 발전한단다."
    그럴 때 금테 안경 너머로 학생들을 바라보는 유일한의

눈빛은 한없이 자애로워 보였어. 실습 공장이나 실험실에서 땀을 흘리며 무언가를 만드는 학생들에게는 이렇게 말하기도 했단다.

"성실한 사람이 물건을 만들어야 성실한 물건이 나오는 법이지."

어떤 때 유일한은 외국에서 온 귀한 손님을 모시고 와서 유한공고를 함께 둘러보곤 하였지. 그럴 때 유일한의 얼굴은 자랑스러움으로 가득 차 있었고, 학교의 이모저모를 설명하는 말투는 활기에 넘쳤어.

유일한은 건강이 크게 나빠졌을 때도 사람들의 부축을 받으며 학교에 들르곤 했어. 학생들이 배우는 데 더 필요하거나 불편한 점은 없는지 살펴보다가 필요한 것이 있다 싶으면 자신이 돈을 내어 학생들이 불편 없이 공부할 수 있도록 했지.

1971년 1월 23일, 유한공고의 4회 졸업식이 있는 날이었어. 이날 유일한은 유한공고에 와서 사람들의 부축을 받으며 간신히 단상에 올라갔단다. 1년 가까이 병원에 입원해 있던 터라 유일한의 모습은 몹시 수척했지.

"내가 어렸을 적에는 배우고 싶은 욕심이 많았으나 우리나라에는 변변히 가르쳐 주는 곳이 없어 참으로 섭섭하고 불행하였습니다. 여러분들은 지금 이렇게 배울 곳이 있고, 좋은 선생님들이 있고, 좋은 나라가 있으니 참으로 행복하겠습니다. 우리 유한공고를 졸업하는 졸업생들은 기술로 나라를 일으키고 사회에 기여하기를 바랍니다."

유일한의 목소리는 작고 기운이 없어 낮은 웅얼거림 같았지만 이상하게도 그 말은 어린 학생들의 마음속에 큰 울림을 주었지.

그로부터 한 달이 더 지나 유한공고의 교문에는 현수막이 걸리었단다.

'할아버지 고이 잠드소서.'

학생들은 교문 앞길을 따라 늘어서서, 1971년 3월 11일 세상을 떠난 유일한의 마지막 길을 지켜 보았지.

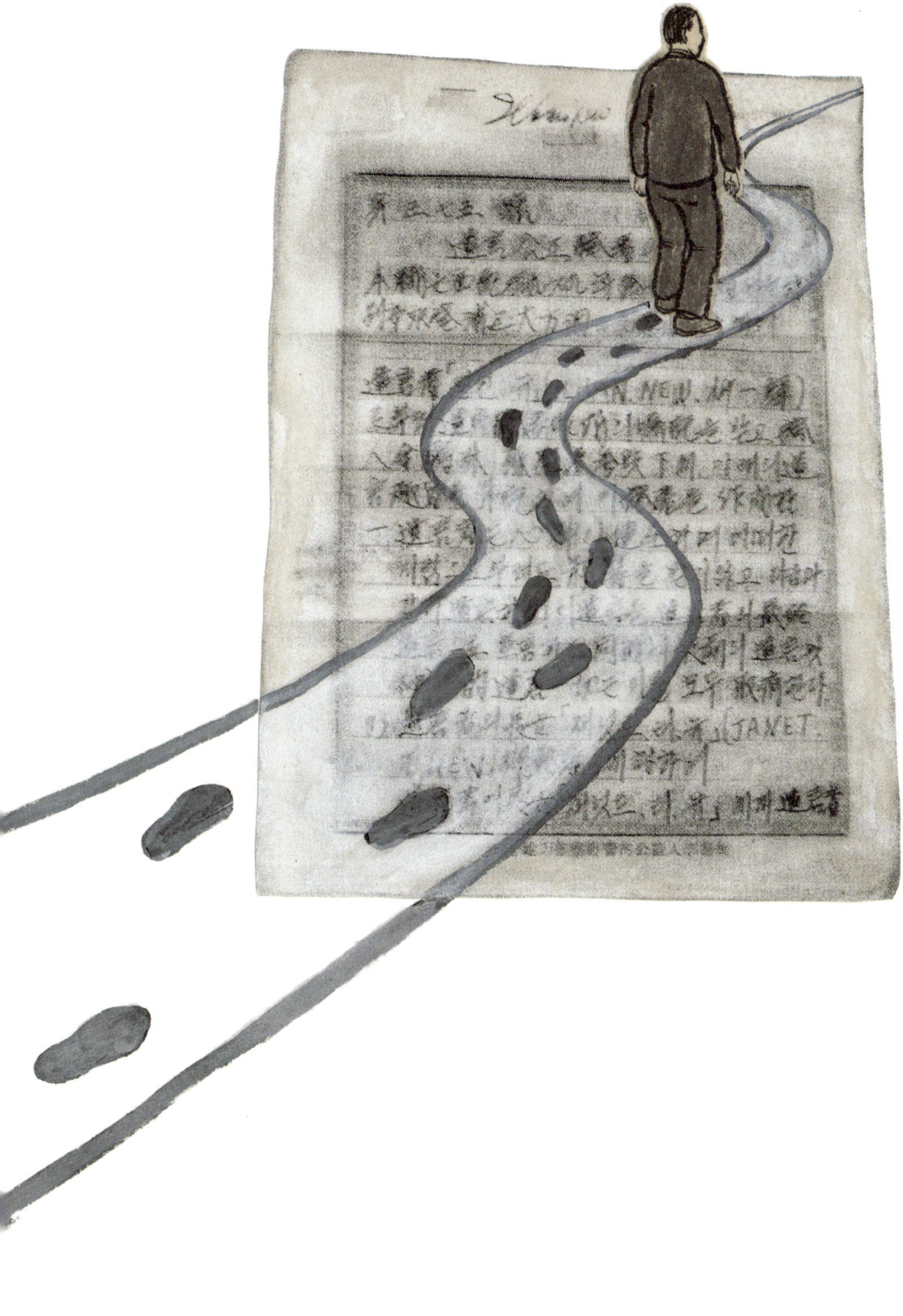

"기업을 경영해서 아무리 큰 부를 쌓았다 할지라도 하얀 시트 위에 누워 죽음을 기다리는 자의 손에는 돈 한 푼도 쥐어져 있지 않은 법이야."

유일한은 때때로 주변 사람들에게 이런 말을 하곤 했지. 유일한이 세상을 떠난 뒤 유언장이 공개되자 세상 사람들은 그가 한 말이 결코 빈말이 아님을 알게 되었어. 물론 죽은 사람이 빈손으로 세상을 떠나는 것은 당연한 일이야. 하지만 많은 사람들은 세상을 떠날 때 자기 재산을 가족들에게 물려주잖아. 또 어떻게 해서든 세금을 덜 내고 물려주려고 옳지 않은 방법까지 쓰기도 하지. 법을 어기거나 교묘하게 피하기도 하고. 그런데 유일한은 그 많은 재산 대부분을 가족들에게 물려주지 않고 오롯이 사회에 돌려주었어.

사랑하는 일곱 살배기 손녀 유일링에게 대학을 졸업할 때까지 필요한 돈으로 1만 달러를 남겨 주고 딸 유재라에게 자신의 묘소가 있는 유한공고 안쪽 땅 5000평을 물려주어 유한동산을 꾸미도록 한 것이 가족들에게 남긴 재산의 전부야.

'유한동산에는 울타리를 치지 말고 학생들이 마음대로 드나들게 하여, 그 어린 학생들의 티 없이 맑은 정신에 깃든 젊은 의지를 지하에서나마 더불어 느끼게 해 달라.'

유일한은 특별히 이런 부탁까지 남겼지. 그러니까 유재라에게는 재산을 물려주었다기보다는 유한동산의 관리를 맡겼다는 게 옳아. 그리고 유일한은 막대한 개인 주식을 모두 '한국 사회 및 교육 원조 신탁기금'에 기증하였어. 미국에 있는 아들 일선에게는 재산을 단 한 푼도 남겨 주지 않은 채, 대학을 졸업했으니 자립해서 살아가라는 유언을 남겼을 뿐이야.

유일한은 살아 있는 동안에도 많은 교훈을 주었지만, 죽은 뒤에는 더 큰 감동을 남겨 주었단다.

그로부터 20년이 지난 1991년, 딸 유재라가 세상을 떠났을 때 사람들은 다시 한 번 깜짝 놀랐어. 유재라 역시 아버지와 마찬가지로 자신의 전 재산을 공익 재단인 유한재단에 기증한 거야. 특히 2백억 원이나 되는 유재라의 재산은 아버지로부터 물려 받은 것이 아니라 자신의 힘으로 벌어

들인 것이어서 그 의미는 더욱 각별하였지.

"나를 아버지 옆에 묻지 마세요. 나 때문에 아버지의 명예에 흠이 나면 안 되니까요."

유재라는 죽기 전에 이런 말을 남길 정도로 아버지를 사랑하고 존경했단다.

지금 아버지와 딸은 버드나무가 아름다운 유한동산에 영원히 잠들어 있어. 두 사람은 말없이 유한동산을 지키고 있지만 그들의 삶은 햇빛을 받아 반짝이는 버들잎처럼 무수히 많은 이야기를 우리에게 건넨단다.

유한동산에 있는 유일한의 동상에는 유일한이 남긴 말이 새겨져 있지.

'눈으로 남을 볼 줄 아는 사람은 훌륭한 사람이다.
그러나 귀로는 남의 이야기를 들을 줄 알고,
머리로는 남의 행복에 대해서 생각할 줄 아는 사람은
더욱 훌륭한 사람이다.'